SYLVIA BUKOWSKI / JOCHEN DENKER / HOLGER PYKA

Worte finden

Sylvia Bukowski / Jochen Denker / Holger Pyka

Worte finden

Neue Gebete für Gottesdienst und Alltag

neukirchener

MIX
Papier | Fördert gute Waldnutzung
FSC® C018236
FSC www.fsc.org

Bibliografische Information der Deutschen Nationalbibliothek:
Die Deutsche Nationalbibliothek verzeichnet diese Publikation in der Deutschen Nationalbibliografie; detaillierte bibliografische Daten sind im Internet über http://dnb.d-nb.de abrufbar.

3. Auflage 2023

Umschlaggestaltung: Grafikbüro Sonnhüter, www.grafikbuero-sonnhueter.de, unter Verwendung eines Fotos von Plasteed (shutterstock.com)
Lektorat: Ekkehard Starke
Satz und Layout: Magdalene Krumbeck, Wuppertal
Verwendete Schrift: Chaparral Pro, PrivaTwoPro
Gesamtherstellung: Drukarnia Dimograf Sp. z o.o., Bielsko-Biala
Printed in Poland
ISBN 978-3-7615-6779-1

www.neukirchener-verlage.de

Inhalt

Geleitwort

»Es tut so gut, mit dir reden zu können.
Es tut so gut zu wissen,
dass du ein Ohr und ein Herz für uns hast.«

So heißt es in einem Gebet, das in diesem Buch zu finden ist. Es beschreibt in wenigen Worten, was das Beten für uns bedeutsam macht. Zugleich ist so auch das Vorzeichen dieses Buches benannt. Sie halten ein Buch in Händen, das mich persönlich sehr anregt, nachdenklich macht und bewegt.

Ja, manchmal fehlen uns die Worte; in mancher Situation wissen wir nicht, was wir beten sollen. Häufig fragen wir uns, ob Gebete überhaupt »erhört« werden. Wie gut ist es dann, auf Worte anderer zurückgreifen zu können, so wie wir es schon immer mit dem Gebetbuch des Volkes Israel, dem Psalter, getan haben und tun.

Ich freue mich und bin dankbar, dass mit Sylvia Bukowski, Jochen Denker und Holger Pyka eine Pfarrerin und zwei Pfarrer der Evangelischen Kirche im Rheinland sich dieser Aufgabe angenommen haben und ein alltagstaugliches Gebetbuch herausgeben, dessen Gebete hoffentlich häufig auch in Sonntagsgottesdiensten vorkommen werden. Sie haben Gebete formuliert, die sich zum einen an bedeutsamen Tagen des Kirchenjahrs orientieren. Zum anderen sind auch Gebete zu Themen zu finden, die seltener zur Sprache gebracht werden, darunter Altwerden, sexualisierte Gewalt, Rassismus. Ich verstehe das Buch als Hilfestellung für das eigene Gebet und als Anregung für das Verfassen persönlicher Gebete. Es unterstützt Pfarrer*innen und Prädikant*innen im pastoralen Dienst.

Dietrich Bonhoeffer hat einmal formuliert: »Wer betet, kennt sich selbst nicht mehr, sondern nur noch Gott, den er anruft. Weil das Gebet nicht in die Welt hineinwirkt, sondern allein auf Gott gerichtet ist, ist es das undemonstrativste Handeln schlechthin.« Diese Haltung ist in den vorliegenden Gebeten durchgängig spürbar.

Die Lektüre dieses Buches hat mich bereichert. Insbesondere den im Schlussteil entfalteten praktischen Erwägungen zum Gebet wünsche ich viel Resonanz in unserer Kirche.

Präses Manfred Rekowski

Vorwort

Worte finden – darum geht es. Auch für Themen und Situationen, die schwierig, sperrig, komplex oder anrüchig erscheinen, aber die gerade deswegen im Lebensgespräch mit Gott nicht außen vor bleiben dürfen. Worte finden – das geht. Das wollen wir mit der vorliegenden Sammlung von Gebeten zeigen. Sie sind in verschiedenen Zeiten zu verschiedenen Anlässen entstanden, und so unterschiedlich wie ihre Verfasser*innen. Wir hoffen, damit eine große Bandbreite abzudecken, ahnen jedoch auch, dass einige Hinweise zu Aufbau und Gebrauch hilfreich sein können:

Ein kürzeres Kapitel versammelt Gebete zu bedeutungsvollen Tagen im Kirchen- und Kalenderjahr. Wir haben uns dabei auf die großen und auch zivilgesellschaftlich wahrgenommenen Kirchenfeste beschränkt und etwa dem Gedenktag der Auschwitzbefreiung Vorrang eingeräumt vor dem 18. Sonntag nach Trinitatis. Die meisten dieser Gebete stammen aus Gottesdiensten, die wir in unseren oder anderen Gemeinden gefeiert haben.

Der größte Teil des Buches besteht aus Gebeten, die nach Stichworten sortiert sind. Im Fokus stehen gesellschaftliche Phänomene (Rassismus, Demokratie, Diskussionskultur), Gefühle (Wut, Dankbarkeit), Lebenswelten und zentrale Bestandteile menschlichen Lebens (Liebe und Sexualität, Krankheit, Sterben). Das macht das Buch nicht nur für den gottesdienstlichen Gebrauch geeignet, sondern auch für die persönliche Andacht und Besinnung: Manche Gebete können vielleicht abends oder morgens einfach mitgesprochen werden, andere regen zum betenden Durchdenken der eigenen Lebenssituation an und inspirieren zu eigenen Formulierungen. Wieder andere haben den Charakter von Meditationen und machen deutlich, dass aus unserer Sicht eine realistische Wahrnehmung der Welt, persönliche Spiritualität und biblische Theologie einander durchdringen und ergänzen.

Im dritten Teil finden sich theoretische und praktische Erwägungen zum Gebet. Mit ihnen legen wir zunächst Rechenschaft ab über unsere theologischen Grundentscheidungen und -überzeugungen: Als Theolog*innen aus drei Generationen, die zu unterschiedlichen Zeiten an verschiedenen Orten in derselben Stadt als Pfarrer*innen tätig sind und waren, verbindet uns unsere Zugehörigkeit zum reformierten landeskirchlichen Protestantismus. Sie sind außerdem geprägt von unseren Erfahrungen in der theologischen Aus- und Fortbildung und Gemeindepädagogik im In- und Ausland. Wir hoffen, dass sie zum persönlichen Nachdenken, zum gemeindlichen Gespräch und zum selbsttätigen Schreiben anregen.

Mitten in der Arbeit an den Texten hat uns die Corona-Pandemie überrascht. Manchen Teilen des Buches wird man abspüren, dass es mit Abstand und Maske entstanden ist. Es war für uns eine gewinnbringende Erfahrung, dass kollegialer Austausch auch unter diesen schwierigen Bedingungen möglich und hilfreich ist.

Danken möchten wir dem Team des Neukirchener Verlags, vor allem Ekkehard Starke, der mit viel Engagement und Sachkenntnis die Entstehung und Redaktion der Texte begleitet hat. Unseren Partner*innen und Familien, mit denen wir viel über das Leben gelernt haben und die während mancher Besprechungen und Arbeitsphasen auf uns verzichten mussten. Und unseren jetzigen und ehemaligen Gemeinden, die jahrzehntelang nicht nur mit uns, sondern auch für uns gebetet haben und unverzichtbare Weg- und Lerngemeinschaften sind.

Wuppertal, im November 2020

Sylvia Bukowski
Jochen Denker
Holger Pyka

Gebete für bedeutsame Tage und Zeiten

Advent

Wie soll ich dich empfangen?
Mit Palmzweigen, großem Aufgebot,
festlichen Kleidern und Ausnahmezustand?
Wie einen König, eine Präsidentin
einen der mächtigen Menschen dieser Welt?
Wie soll ich dich empfangen,
der du größer und mehr bist,
unvergleichlich.

Ach, lieber Gott, ich spüre:
Ich hab nichts, was ich dir geben könnte.
Ich sehe nur Unordnung um mich herum,
schäme mich manchmal dafür, wie mein Leben aussieht,
trage schwer an dem, was ich getan und gelassen habe.
Ich bin noch gar nicht bereit, dass du kommst,
denke ich oft.

Und dann höre ich:
Du bist denen schon nahe,
die ein zerbrochenes Herz
und ein zerschlagenes Gemüt haben.
Darin finde ich mich wieder,
mit den Scherben meines Lebens
und der Mutlosigkeit, die mich manchmal packt.

Dann komm, guter Gott,
füg die Bruchstücke meines Lebens zusammen,
von denen ich nicht mehr weiß,
wie sie denn ein Ganzes geben sollen.
So kann ich dich empfangen.

Zum Lied »Es kommt ein Schiff geladen« (EG 8), mit Liedruf »O Herr, wenn du kommst ...« (GL 233)

Ewiger Gott,
wir stehen am Ufer und warten auf dich.
Ein Schiff wird kommen, ist schon da.
Du hast den Anker ausgeworfen und dich mit der Erde verbunden.
Gib auch uns Bodenhaftung.
Wenn wir zu weit in die Ferne schweifen,
dann richte unseren Blick auf das, was vor uns liegt,
auf die Dinge, die um uns herum geschehen,
auf die Menschen, die du uns ans Herz legst.
Gib uns Kraft und Mut, deinen Weg nachzugehen
hinein in die Welt, hinein in das Leben,
auch dort, wo uns das schwerfällt.
Wir müssen nicht so bleiben, wie wir sind.
Und so rufen wir:

O Herr, wenn du kommst, wird die Welt wieder neu,
denn heute schon baust du dein Reich unter uns,
und darum erheben wir froh unser Haupt.
O Herr, wir warten auf dich.

Gott, wir stehen am Ufer und warten auf dich,
lauschen ins Dunkel.
Und um uns herum Wogen und Brausen,
Krach und Chaos,
wir hören die Parolen, wir spüren den Puls,
riechen die Brände ...
Gott, wir blicken auf die Konfliktherde in der Welt.
Wir spüren das immer rauer werdende Klima bei uns.
Gott, du lässt dein Schiff still im Triebe gehen.
Auf das Ziel hin, das du vorherbestimmt hast.
Gib uns ein bisschen von dieser Ruhe.
Hilf uns, durchzuatmen.
Und dann mit verändertem Blick neu auf die Welt zu schauen,

auf ihre Chancen und Probleme,
ihre Schönheit und ihre Risse.
Wir vertrauen dir.
Wir vertrauen darauf, dass die Welt nicht so bleiben muss, wie sie ist.
Und so rufen wir:

O Herr, …

Barmherziger Gott,
wir danken dir,
dass du in Jesus zur Welt gekommen bist.

Komm und tröste die,
die sich gerade in dieser Zeit verloren fühlen
und besonders schmerzhaft spüren,
was und wer ihnen fehlt.

Komm und erfrische die,
die müde sind an Leib und Seele,
deren Glaube und Hoffnung verdorrt ist
durch zu viele Enttäuschungen.

Komm und erwecke zu neuer Menschlichkeit,
die Angst und Schrecken um sich verbreiten,
die mit Gleichgültigkeit auf fremdes Leid reagieren
und nur an sich denken.

Komm und erhalte denen Geduld und Kraft,
die sich für eine bunte Gesellschaft einsetzen
und eine lebenswerte Zukunft fordern
für alle Geschöpfe

Gott, komm mit deiner Barmherzigkeit zu uns allen,
und richte dein Recht auf in unserer Welt,
damit die Zerrissenheit heilt
und der Friede wächst,
den du versprochen hast.

Weihnachten

Großer Gott,
richte unseren Blick
auf das Kind in der Krippe
und lehre uns deine Herrlichkeit sehen
im Unscheinbaren.
Öffne unsere Ohren
für die Worte der Himmelsboten,
die unserer geschundenen Erde
Frieden ansagen.
Füg uns zu denen,
die sich aufmachen,
den Christus zu finden
in Menschengestalt.
Füll unser Herz
mit den Lobgesängen
der heiligen Nacht
und tauche unser Leben
in dein gnädiges Licht.

Du Gott der Fülle:
in Armut wurde dein Sohn hineingeboren,
bedroht war sein Leben
von Anfang an.
Schon als kleines Kind
musste er das Los eines Flüchtlings teilen.
Fremden war er ausgeliefert
auf Gedeih und Verderb.
Nichts Menschliches ist ihm also fremd.
Durch ihn schenkst du uns die Gewissheit:
Nichts kann uns scheiden
von der Macht deiner Liebe,
die Böses mit Gutem überwindet,
die mitten im Elend Hoffnung eröffnet
und aus unserer Welt
die Schatten des Todes vertreibt.

Dafür danken wir dir, Gott,
und preisen den Namen deines Sohnes,
voller Lebensfreude
im Heiligen Geist.

Du Gott Marias und Elisabeths,
halte in uns die Hoffnung wach.
Öffne uns für das Heilige im Unerwarteten,
für das Große im Kleinen,
für die neuen Anfänge, die du mit uns setzt.

Du Gott Josefs und Zacharias',
lehre uns, auf unsere Träume zu hören,
mach uns hellhörig für deine Botschaften an uns,
gib uns Kraft für lange und beschwerliche Wege,
und hilf uns, unseren Stolz hinunterzuschlucken
und das Richtige zu tun.

Du Gott über Augustus und Quirinius,
hilf uns, verantwortungsvoll mit unserer Macht umzugehen,
und lass uns nie vergessen,
dass du es bist, der Geschichte schreibt.

Du Gott der Hirten auf einsamem Feld,
öffne unsere Augen für deine Wunder in tiefster Nacht,
rufe uns zu: Fürchtet euch nicht!
Wecke in uns Neugier, dass wir uns aufmachen und dich suchen.
Gib uns Mut und Worte, um in der Welt von dir zu erzählen.

Du Gott der Weisen aus dem Osten,
erhalte unsere Entdeckerfreude und unseren Forschungsdrang,
schütze uns vor politischen Intrigen und Machtmissbrauch
und lenke unsere Schritte hin zu dir.

Mitten im Dunkel
feiern wir das Licht,
das Jesus in die Welt gebracht hat.
Mitten in schlechten Nachrichten
feiern wir die gute Botschaft
von Gottes Menschenfreundlichkeit.
Mitten im Seufzen der Kreatur
feiern wir die Hoffnung,
dass Leid und Tod nicht das letzte Wort behalten.
Mitten in unseren Abhängigkeiten
feiern wir die Freiheit,
zu der uns Christus befreit hat
durch seine bedingungslose Liebe.
Aller Welt Enden sollen sich in dieser Nacht
freuen an der Herrlichkeit
unseres Gottes!

»Zwischen den Jahren«

Gott, zwischen den Jahren atmen wir durch.
Und fragen uns:
Hat sich etwas geändert seit Heiligabend vor wenigen Tagen?
Oder seit der ersten Heiligen Nacht der Welt vor zweitausend Jahren?
Was bleibt, wenn die Geschenke ausgepackt,
der Zauber verflogen,
der Baum aus dem Wohnzimmer geschafft
und der Schmuck wieder weggeräumt ist?
Wir glauben, Herr, hilf unserem Unglauben.
So sind wir unterwegs in diesen dünnhäutigen Tagen.
Zwischen altem und neuem Jahr.
Zwischen Zweifel und Hoffnung,
zwischen Fragen und Ahnungen.
Lass uns dabei nicht den Halt verlieren.

Gütiger und gerechter Gott:
Was ist das für eine Welt, in der wir leben!
Hinter uns liegen Feiertage,
für andere ging der Kriegsalltag weiter.

Bei uns gab es Festessen,
andere mussten Gras und Wurzeln kochen,
um dem Hungertod zu entgehen.

Gott, durch die Welt, in der wir leben,
geht ein tiefer Riss.
Wie können wir Brücken bauen über die Abgründe?
Wie können wir mehr Gerechtigkeit schaffen?
Zeig uns Wege, die deinem Willen entsprechen,
und erfülle uns mit Klarheit und Mut.

Jahreswechsel

Guter Gott, unsere Zeit steht in deinen Händen.
Wieder ist ein Jahr vergangen.
wir bringen vor dich, was es uns gebracht hat:
Unsere schönen Erlebnisse,
das Glück, das du uns geschenkt hast,
gelungene Begegnungen,
neue Freunde,
alte Weggefährten,
neugeborene Kinder
und was immer unser Herz froh gemacht hat.

Wir bringen dir auch unsere Traurigkeit,
den Schmerz über das Sterben lieber Menschen,
die Angst vor dem, was kommt,
und die Unsicherheit, ob wir damit zurechtkommen werden,
auch den Zweifel, ob du denn wirklich alles in deiner Hand hast.

Wir bringen dir unser Versagen, unsere Schuld,
und die ungenutzten Gelegenheiten, Gutes zu tun.

Wem sollten wir unseren Dank bringen
und wem unsere Klage –
wenn nicht dir, dem Herrn aller Herren
und Vater von uns allen,
der täglich seine Hand nach uns ausstreckt,
um uns zu tragen, zu heben und zu erretten.

Herr über Zeit und Ewigkeit,
wir wagen es, alles von dir zu erhoffen und zu erbitten.

Lass dieses Jahr ein Jahr des Friedens werden –
auch wenn alles dagegen zu stehen scheint.

Lass es ein Jahr der Hoffnung werden –
auch wenn wir tausend Gründe wissen,
die uns die Hoffnung nehmen wollen.

Lass es ein Jahr werden,
in dem Menschen aufeinander zugehen,
deren Wege sich getrennt haben –
auch wenn wir noch keine Zeichen dafür erkennen.

Lass es ein Jahr werden, in dem sich Menschen aufrufen lassen,
füreinander da zu sein –
und stärke die Zeichen, die wir dafür schon sehen.

Lass es ein Jahr deines Wortes werden,
dass es wieder etwas gilt im Land
und in den Häusern
und in deiner Kirche –
auch wenn wir allesamt vor Umtriebigkeit taub zu werden drohen.

Schenk uns deinen Geist,
dass wir deine Zeichen recht fassen
und deine Nähe nicht übersehen.
Amen

27. Januar (Tag des Gedenkens an die Opfer des Nationalsozialismus)

Barmherziger Gott,
wir erinnern uns an die Befreiung der KZ.
Wir erinnern uns an das Grauen, das dort geschah
und nun aller Welt sichtbar wurde.
Wir wollen die deutsche Schuld nicht leugnen,
nicht verharmlosen,
gleichzeitig fragen wir:
Wo warst du in jener dunklen Zeit?
Warum hast du dein Antlitz so vielen verborgen,
die dich suchten in einem leeren Himmel?
Warum hast du sie nicht gerettet
aus der gnadenlosen Mordmaschine,
bist den Mördern nicht in den Arm gefallen?
Gott, auch wenn wir keine Antworten finden,
klammern wir uns an dich.

Wir bitten dich für die Überlebenden und ihre Nachkommen,
für die der Schmerz nicht vorbei ist,
die immer noch eingeholt werden
von der Trauer um alles,
was sie verloren haben:
die Menschen, die ihnen wichtig waren,
die Orte, wo sie zuhause waren,
das Vertrauen in deine Güte.
Du allein kannst sie trösten,
wo aller menschliche Trost versagt.

Gott, wir danken dir für die,
die die Erinnerung an unsere Schuldgeschichte wachhalten,
damit wir aus ihr lernen,
auch vom Mut und der Menschlichkeit derer,
die sich nicht haben brechen lassen.
Segne die Arbeit der Gedenkstätten,
und lass sie heilsam wirken in unserer Gesellschaft.

Gott,
mehr als wir erinnern können,
hältst du im Gedächtnis.
Kein Unrecht ist bei dir vergessen,
kein Leiden bleibt verborgen vor dir.
Die vielen Opfer von Gewalt,
deren Namen wir nicht kennen,
haben einen Namen bei dir,
sind deine geliebten Söhne und Töchter.
Du wirst ihnen Recht verschaffen.

Wir bitten dich:
Wehre allem Vertuschen und Verbrämen des Grauens,
das von Deutschen angerichtet wurde.
Mach uns sensibel für die Gefahren unserer Zeit,
damit, was geschehen ist,
nie wieder geschieht.

Gründonnerstag

Herr Jesus Christus,
du wusstest Bescheid.
Du wusstest: Das wird dein letztes Fest, der letzte Abend.
Du wusstest: Am Ende dieser Nacht würde es aus sein mit dir.
Trotzdem hast du gefeiert.
Oder gerade deswegen.
Hast ein Zeichen gesetzt für Hoffnung und Leben.
Hast dich hingegeben: du für alle.
Auch für den, der dich ausliefern würde.
Für die, die es nicht schafften, bei dir zu wachen.
Für die, die wegliefen und es nicht aushielten.
Und für uns.
Wir gehören zu dir.

Karfreitag

Gerechter und barmherziger Gott,
Jahr für Jahr tritt uns an Karfreitag
das Sterben deines Sohnes vor Augen.
Jahr für Jahr hören wir:
für uns gestorben.
Zu unsrer Rettung.
Aus Liebe.
So sehr hast du die Welt geliebt,
dass du ihn dahingabst.

Wir begreifen das nicht.
Manchmal wehren wir uns sogar dagegen.
»Doch nicht für mich«, denken wir.
»Das hätte ich nie gewollt.«

Manchmal scheint es,
als sei dein Sohn vergeblich gestorben,
weil wir uns auch im Angesicht seines Kreuzes
so wenig ändern.

Großer Gott, durchbrich unsere Verschlossenheit.
Sende deinen kräftigen Geist,
dass er uns bei deinem Wort festhält,
uns die Hoffnung bewahrt
und die Ausdauer schenkt,
als befreite Kinder
den Weg der Freiheit
und des Friedens zu gehen,
bis du vollendest,
was du begonnen hast.

Ewiger,
rätselhafter, manchmal unendlich ferner,
manchmal unerträglich naher Gott:
Dein Sohn Jesus Christus erfährt am Kreuz alles das,
wovor wir Angst haben:
Spott und Hohn,
Beschämung und Unrecht,
Schmerz und Tod.
Alles das, was wir uns mit aller Gewalt vom Hals zu halten versuchen.
Heute erkennen wir: Das geht nicht.
Heute erkennen wir: Wir haben Anteil
an Gewalt und Tod und Zerstörung.
Wir sind Opfer, Täterinnen und Täter zugleich.
Und ahnen: Wir haben keine Zuflucht als dein unergründliches Erbarmen.

Karsamstag

Herr Jesus Christus,
gefolterter Bruder,
heruntergekommener Gott,
ermordeter Mensch.
Du hast Abgründe des Lebens nicht nur gesehen,
sondern durchschritten.
Du bist hinabgestiegen in das Reich des Todes
und kämpfst unseren Kampf.
Während uns vor dem Kreuz Hoffnung und Worte ausgehen,
reißt du uns aus unseren Verstrickungen in Sünde und Schuld,
aus dem Rachen des Todes,
hintergehst du die Mächte und Gewalten,
suchst du alle Gottfernen und Verlorenen und holst sie heim.
Ganz unten, am Boden unserer Abgründe,
bist du.
So wagen wir den Blick dorthin, wo es wehtut,
und sprechen vor dir aus, was du schon längst weißt.

Herr Jesus Christus,
wenn wir ganz unten sind,
sind wir ganz nah bei dir.
Halte uns fest.
Und zieh uns mit, wenn du auferstehst
vom Tod ins Leben,
aus der Gefangenschaft in die Freiheit,
aus dem Elend in die Herrlichkeit.

Ostern

Großer Gott,
Du hast deinen Sohn
aus den Toten heraus auferweckt.
Wo alles zu Ende scheint,
da hast du einen neuen Anfang gemacht.

Verstehen können wir nicht,
was damals geschah –
wie sollten wir es auch,
wo wir nichts anderes kennen
als ein Leben zum Tod?

Manchmal können wir es nicht einmal glauben,
dass Jesus wirklich auferstanden ist,
versuchen, uns das Ereignis zurechtzulegen,
handhabbar zu machen,
und mit all unseren Versuchen,
dich in die Grenzen unseres Verstandes einzuhegen,
machen wir dich doch nur kleiner.

Großer Gott, vergib uns.
Schenke uns deinen Geist,
damit wir voller Hoffnung und Mut
dem Tod nicht das letzte Wort lassen
und all seinen Helfershelfern die Gefolgschaft verweigern.

Schenk uns deinen Geist,
damit wir österlich leben,
aufstehen für dich
und dein Kommen,
zu deiner Ehre
und zum Segen
für eine todeshörige Welt.

Schöpferischer, Leben spendender Gott,
du hast Licht ins Dunkel gebracht,
dem Chaos einen Sinn gegeben
und diese Welt nach deinem Willen geschaffen.
Du hast Jesus Christus von den Toten auferweckt,
die Macht des Todes gebrochen
und den Grundstein für eine neue Welt gelegt.

Lebensbejahender Gott,
durchbrich die Nacht und vertreibe die Finsternis.
Ziehe alles hinein
ins verwandelnde, neu schaffende Licht deines Ostermorgens:
unseren schwachen Glauben,
unser müdes Hoffen und vergängliches Lieben.
Unsere todgeweihten Körper und Herzen,
unsere Welt mit ihrer Schönheit, ihrem Schrecken,
Himmel und Erde, Raum und Zeit.

Himmelfahrt

Ewiger, nicht zu fassender Gott,
manchmal blicken wir suchend nach oben,
in der Hoffnung, etwas von dir zu entdecken.
Irgendein Zeichen, das uns sagt:
Du bist da, wir sind nicht allein.
Lenke unseren Blick zurück auf die Erde,
auf das, was vor uns liegt,
und öffne unsere Augen für deine Spuren
auf unseren Straßen,
in Begegnungen in Supermärkten und an Bushaltestellen,
an Wegkreuzungen in unserem Leben.

Jesus Christus,
du bist heimgekehrt,
bist uns vorausgegangen nach Hause.
Wir bitten dich:
Hilf uns, hier unten Heimat zu finden.
Auf dem kleinen Fleckchen Erde, das wir bewohnen,
in dem Wimpernschlag Zeit, den du uns gibst.

Gott, heilige Geistkraft,
wir warten auf dich.
Lass unseren Glauben und unsere Sehnsucht wieder aufglühen.
Wärme erfrorene Herzen und wecke matt gewordene Liebe.
Fülle unsere Lungen mit Luft zum Beten und Singen,
zum Rufen und Klagen und Lachen,
mit dem langen Atem,
den wir hier unten manchmal brauchen.

Pfingsten

Guter Gott,
dein Geist schwebte über den Wassern,
bevor das Leben auf Erden war.
Du hauchtest deinen Geist den Menschen ein,
und sie wurden lebendige Wesen,
dazu bestimmt,
vor dir und miteinander in Frieden zu leben.

Wir bekennen dir,
dass wir oft anderen Geistern folgen
und den deinen aus unserem Leben aussperren.
Wir erwarten oft so wenig von dir,
meinen, alles selbst in die Hände nehmen zu müssen.

Wir glauben oft,
dass das Heil der Welt mit uns steht und fällt.
Unbarmherzig werden wir mit uns selbst
und mit unsren Mitmenschen.
Wir verlieren die Freude am Leben
und können in ihm oft nur noch Arbeit sehen.
Wir suchen den kurzzeitigen Erfolg
und sind bereit, dafür manches Opfer zu bringen
und vor allem anderen abzuverlangen.

Herr, wir brauchen deinen Geist,
damit unser Leben Sinn bekommt,
der nicht heute auffflackert
und morgen schon wieder von gestern ist.
Wir brauchen deinen Geist,
damit unsere Kirche neues Leben bekommt
und unsere Gesellschaft wieder Hoffnung,

die sich nicht nur an Geschäftszahlen
und Börsenkursen entzündet.

Hier stehen wir vor dir.
Leer sind unsere Hände.
Herr, füll uns ganz mit dir.

Heiliger Geist, Leben spendender Atem Gottes,
du weckst auf, was wie tot darniederliegt.
Lässt das Blut neu pulsieren,
lässt leben, atmen, wachsen.
Komm über deine ganze Schöpfung.
Komm in rauschendem Wind und flackerndem Feuer.
Durchwehe jeden Winkel der Erde.
Gib den Gerippen unseres Glaubens Fleisch, Muskeln und Sehnen,
lass unsere matten Herzen schneller schlagen,
entstaube unsere Hoffnung und lass sie auferstehen.

Komm, Heiliger Geist.
Mit deiner Kraft,
deinem Mut,
deiner Weite,
deiner Hoffnung.
Überrasche uns.
Lass uns an uns selbst Seiten entdecken,
die wir noch nicht kannten.
Nimm von uns die Angst vor dem Morgen,
die Furcht vor der Wahrheit,
das Zögern vor dem Echten.
Erleuchte und bewege uns,
leite und begleite uns.
Jetzt und allezeit.

Gott, Heiliger Geist,
berühre uns mit deinem Atem,
mit deinem Lebenshauch.
Zerstreue mit Brausen und Sausen
die Wolken über unseren Köpfen,
vertreibe mit deinem Licht
die Nacht aus unseren Herzen.
Weite unseren Blick,
durchbrich unsere Grenzen und Schranken
zwischen Mensch und Mensch,
Volk und Volk,
zwischen Generationen und Geschlechtern.
Puste uns an, lass dein Feuer lodern,
wenn unser Herz nur noch staubbedeckte Kohle
und unsere Seele ein Docht kurz vor dem Verglühen ist.
Schenke uns Träume.
Bring uns zum Lachen.
Berühre uns.

Israelsonntag

Du Hüter Israels,
aus Verfolgung, Tod und Verzweiflung
hast du dein Volk zurückkehren lassen
in das Land seiner Väter und seiner Mütter.
Dort ist jüdisches Leben möglich,
ohne Einschränkung, ohne Missachtung.
Wir freuen uns darüber
mit allen Juden und Jüdinnen.

Gleichzeitig wollen wir uns dem Leid der Palästinenser nicht verschließen.
Viele sind aus ihrer Heimat vertrieben worden,
viele leiden heute unter der israelischen Besatzung.
Schaffe du ihnen Recht und gute Zukunft.

Wir bitten dich für die arabischen Kirchen,
die die Botschaft deines Sohnes
in dieser Konfliktregion bezeugen.
Sie müssen vielen Anfeindungen standhalten.
Gib ihnen die Kraft dazu
und lass ihre Hoffnung auf Schalom nicht verlöschen.

Gott, segne die Begegnungen,
die dem Verständnis der je anderen dienen
und der Versöhnung den Weg bereiten,
damit endlich Frieden wird
zwischen Israel und seinen Nachbarstaaten.
Um Frieden für die gesamte Menschheit bitten wir dich.

Du treuer Gott,
du hältst,
was du versprochen hast,
auch wenn du enttäuscht wirst.
Du stehst fest zu deinem Bund mit Israel,
durch alle Höhen und Tiefen seiner Geschichte
bis zum heutigen Tag.
Wir bekennen dir,
dass es uns manchmal schwerfällt,
Wort zu halten,
und uns nicht abzuwenden,
wenn jemand unseren Erwartungen nicht entspricht.

Das geht uns auch so mit Israel.
Wir sind oft ratlos:
Wie sollen wir umgehen
mit dessen staatlicher Politik,
wie reagieren
auf Entwicklungen, die wir falsch finden,
ohne israelfeindlich zu werden,
ohne über Israel strenger zu urteilen
als über andere Staaten?
Manchmal wissen wir nicht mehr,
wie wir das leben können,
was wir gelernt und gelobt haben:
dass wir mit deinem Volk unverbrüchlich zusammengehören,
als deine Söhne und Töchter.

Gott, lass deine Treue
uns zum Leitstern werden
und öffne unseren Blick dafür,
dass auch wir von ihr leben,
ohne Verdienst,
allein aus Gnade.

Reformationstag

Gott,
du bist ewig.
Wir sind es nicht.
Und unsere Kirchen und Gemeinden,
unsere Theologien und Bekenntnisse auch nicht.
In der Geschichte deiner Kirche
hast du immer wieder für frischen Wind gesorgt.
Hast Frauen und Männer Neues entdecken
oder längst Vergessenes wiederfinden lassen.

Oft ist das Ursache für Streit und Spaltung gewesen.
Oft konnte deine Kirche nicht damit umgehen,
wenn du ihr neue Sichtweisen präsentiert hast.
Oft war und ist deine Kirche zu schwerfällig,
um dir zu folgen.

Gott, schenke uns das richtige Maß:
Gib uns Geduld, um diejenigen zu akzeptieren,
die dir anders dienen als wir.
Und gib uns dort einen festen Stand,
wo wir um deine Wahrheit streiten müssen.

Öffne unsere Augen und Ohren und Herzen
für das, was du uns heute sagen willst.
Für die warnenden Stimmen,
wenn deine Kirche sich auf gefährliche Abwege begibt
oder in festgefahrenen Routinen erstickt.
Für die Finger außerhalb der Kirche,
die uns auf dich draußen in der Welt weisen.
Für das Neue,
das du um uns herum anbrechen lässt.

Großer Gott,
dein Wort ist lebendig und kräftig.
Wir können es nicht einsperren,
nicht konservieren,
nicht einfangen in Strukturen oder Dogmen.
Dein Wort ist keine zeitlose Wahrheit,
kein Zitat aus alter Zeit,
sondern eine lebendige Kraft,
die in unser Leben dringt
und uns erneuert.

Wir danken dir,
dass du dich auch im alten Haus der Kirche
immer wieder zu Wort meldest,
Strukturen hinterfragst,
neue Aufbrüche wagen lässt.
Wenn wir deine Gnade zum Verdienst machen,
schreite ein.
Wenn wir Bedingungen für deine Barmherzigkeit aufstellen,
hindere uns.
Wenn wir deine Gnade billig machen,
erinnere uns, wie teuer sie für dich war,
und rufe uns zur Umkehr
und erneuere deine Kirche an allen Orten.

9. November (Gedenktag der Novemberpogrome)

Barmherziger Gott,
du siehst, was Menschen einander antun.
Du vergisst keinen,
der Opfer von Terror und Hassparolen
geworden ist.

Du wirst die Täter zur Rechenschaft ziehen.

Wir bitten dich für alle,
die unter den Verbrechen der Nazis gelitten haben
und deren Trauma
in ihren Kindern und Kindeskindern oft noch weiterwirkt.
Mach sie gewiss,
dass du zu ihnen hältst,
und lindere ihre Ängste
durch Menschen, die fest zu ihnen stehen.

Wir bitten dich für die,
die weiter Hass säen gegen dein Volk,
die das Leid seiner Opfer verhöhnen
und Juden erneut mit Vernichtung bedrohen.
Bring ihre böse Zunge zum Schweigen.
Zerschlage ihre zerstörerischen Pläne,
Wecke in ihnen Einsicht
und die Bereitschaft, sich zu ändern.

Wir bitten dich für uns:
Mach uns sensibel gegen alle Formen von Judenhass,
auch wenn sie sich tarnen in bürgerlichem Gewand,
und sich in unser eigenes Denken einschleichen.
Lehre uns, dagegen anzugehen
und auch damit unseren Glauben zu bewähren,
der Jesus den Juden als Herrn bekennt.

Gnädiger und gerechter Gott,
wir erinnern uns heute an die Nacht,
als die Synagogen in Deutschland brannten.
Die meisten haben dazu geschwiegen,
manche aus Gleichgültigkeit,
manche aus Sorge vor Konsequenzen.
Und manche haben dazu gejubelt,
heimlich und offen,
auch in den Kirchen.

Wir wollen nicht schweigen,
und nicht gleichgültig zusehen,
wenn Antisemitismus sich wieder verbreitet,
wenn Juden hier und in ganz Europa Angst haben müssen,
sich als Juden zu zeigen,
wenn sie bösen Worten und tätlichen Angriffen ausgesetzt werden.
Wir wollen nicht unsern Mund halten
bei Judenwitzen und Hasstiraden gegen Muslime.
Wir wollen sichtbar und hörbar einstehen
für deine Liebe zu deinem Volk
und für dein Gebot, Fremde zu schützen.
Aber manchmal mangelt uns der Mut dazu.
Manchmal ducken wir uns feige weg.
Manchmal lassen wir uns in unserem Urteil verwirren.

Gott, gib uns Klarheit,
gib uns Kraft,
uns einzumischen,
und unseren Mund aufzutun für die, die angegriffen werden,
und für die Sache derer,
die allein gelassen sind.

Buß- und Bettag

Gnädiger Gott,
vor wem, wenn nicht vor Dir,
könnten wir unsere Maskeraden beenden?
Sie nutzen uns doch nichts.
Wem, wenn nicht Dir,
barmherziger Vater,
könnten wir die Untiefen unsere Seele offenlegen
und die Wunden zeigen,
die wir uns selber,
die wir anderen
und die andere uns zugefügt haben?
Du bist doch unser Arzt und Heiland.

Lass uns Deine Mahnung hören
als Wort Deiner Liebe,
die nicht will, dass wir verloren gehen,
uns selbst und andere ins Verderben stoßen.

Sende Deinen Geist,
der uns Dein Wort recht aufschließt
und unsere Herzen zur Umkehr führt.

»Weil die Ungerechtigkeit überhandnimmt,
wird die Liebe in vielen erkalten« (Matth. 24,12)
mahnt uns dein Sohn, gerechter Gott.

Wie wahr ist das.
Wir erleben es vielleicht nicht mehr und mehr,
aber immer wieder.
Erlebtes Unrecht empört und verletzt.
Wütend schlägt man um sich,
verliert das Maß, und eine Spirale beginnt,
die so schwer aufzuhalten ist.
Liebe erkaltet,
weil sie keine Nahrung mehr bekommt,
das Interesse aneinander verloren geht
und nur noch auf sich selbst gerichtet ist.

Weck uns auf, Gott
damit wir den Zeitpunkt nicht verschlafen,
an dem wir einen beginnenden Brand noch löschen können.
Lass nicht zu, dass unsere manchmal müde Frage:
»Was sollen wir tun?«
einmündet in den erschrockenen Ruf:
»Was haben wir getan?«
»Was haben wir versäumt?«

Lass uns umkehren.
Hilf uns auf den Weg deiner Gebote.
Hol uns zurück zu dir,
damit wir auch unsere Mitmenschen finden
und ihnen aus Liebe ihre Rechte lassen.

Ewigkeitssonntag

Barmherziger Gott,
du versprichst uns neue Zukunft.
Zukunft, in der aufrecht geht,
was heute niedergetreten wird,
in der lacht und singt,
was heute weint und klagt.
Du versprichst uns Todgeweihten
einen neuen Anfang und neues Leben.

Ach, wenn wir das nur glauben könnten,
wenn wir es nur wagten,
alles auf diese Hoffnung zu setzen.
Wenn wir deinem Wort nur mehr vertrauten
als allem anderen,
was sich den Schein der Allmacht
und der Unausweichlichkeit gibt.
Wie anders sähe unsere Gegenwart aus!?

Leg uns das Lied der Erlösten
schon mitten in unserer Unerlöstheit auf die Lippen.

Schenk uns einen neuen und beständigen Geist,
der uns nahe bei dir hält,
dem Gott des Lebens,
und der uns auf deine Stimme hören lässt,
die uns aus der Todeswirklichkeit herausruft
in das Leben der Kinder Gottes.

Gott, du malst uns eine neue Welt vor Augen,
in der kein Weinen, kein Schreien, keine Trauer
mehr sein wird.
Wir legen dir die ans Herz, für die das noch weit weg ist.
Die weinen und schreien und trauern.
Du sammelst unsere Tränen in deinem Krug.
Du gehst umher und bist denen nahe,
die zerbrochenen Herzens sind.
Lass sie spüren, dass du da bist,
dass du verstehst,
dass du mitleidest.
Hilf denen, die sich von offenen Fragen
und unausgesprochenen Dingen
nicht lösen können.

Wir bitten dich für alle, die sich um Kranke und Sterbende,
um Angehörige und Trauernde kümmern.
Die da sind, wenn sie gebraucht werden.
Stärke sie. Gib ihnen Kraft –
und das nötige Gefühl für ihre eigenen Grenzen.

Gott, wir bitten dich für unsere Gemeinde.
Schaffe in uns einen Raum,
an dem gelacht und geweint werden darf,
an dem offen über Trauer und Verlust geredet werden kann –
und über die Hoffnung, die du uns schenkst.
Lass uns offen sein und hellhörig
für Menschen mit blutigem Herzen und wunder Seele.

Gott, wir bitten dich für diese Welt,
in der das sinnlose Sterben als unvermeidbares Übel verkauft wird.
Die ertrinkenden Flüchtlinge im Mittelmeer.
Die Opfer von Missbrauch und Mobbing.
Die Opfer von Kriegen dort, wo die Erde brennt.
Die Verhungernden und Verdurstenden.
Du hast dem Tod an Ostern eine Grenze gesetzt.
Tu das auch dort.
Greif ein, wo wir versagen.

Betend durch den Tag

Morgen

Guter Gott,
ich danke dir für die Ruhe der Nacht.
Es hat mir gutgetan, zu schlafen.
Ich danke dir, dass ich mit neuer Kraft in diesen Tag gehen kann,
und bitte dich,
dass du mich begleitest
und mir hilfst, den Tag
nach deinem Willen zu gestalten.
Schenk mir Geduld,
wenn ich aufbrausen will,
schenk mir ein gutes Wort,
wenn es an der Zeit ist,
halte meine Lippen geschlossen,
wenn ein böses Wort über sie kommen will,
öffne meine Hände,
wenn Hilfe gebraucht wird,
und gib mir den Mut, um Hilfe zu bitten.
Beschütze mich vor allen Gefahren
und hilf mir, dass ich andere nicht in Gefahr bringe.

Mittag

In der Mitte des Tages halte ich inne,
blicke zurück auf die vergangenen Stunden
und bitte dich, Gott:
Erfrische meine Kraft
für die nächsten Aufgaben.
Bewahre mir die Geduld
mit anderen Menschen
und auch mit mir selbst.
Versöhne mich mit meinen Grenzen.
Lass deine Güte leuchten
durch mein Tun
und durch mein Lassen.

Abend

Hier hast du den Tag zurück, Gott.
Eigentlich wollte ich ihn dir ordentlich wiedergeben,
vielleicht sogar noch mal durchwaschen,
einmal aufbügeln und schön zusammenlegen.
Hat aber irgendwie nicht geklappt.

Hier hast du den Tag zurück, Gott.
So, wie er ist.
Mit Falten und Knicken, und Rissen und Flecken.
Kann sein, dass da noch Sachen in den Taschen und Ritzen sind:
Tempotuchfusseln und ein 2-Cent-Stück.
Ein Zettel mit einer Nummer drauf, die ich nicht angerufen habe.
Ein Hustenbonbon
und zerknittertes Vertrauen.
Ein zusammengefalteter Traum
und ein Kieselstein.
Was du findest, kannst du behalten.

Hier hast du den Tag zurück, Gott.

Du müsstest mir aber raushelfen.
Vielleicht kannst du mal anpacken und ziehen,
aufschnüren und entwirren.
Und wenn es sein muss, schneiden.
Da, wo ein Knoten nicht aufgeht.
Ich brauche ihn ja nicht wieder, den Tag.
Hilf mir beim Rauskommen,
beim Ablegen und Loswerden.
Guck mich freundlich an
in diesen paar Minuten,
wenn ich aus dem Tag rausgeschlüpft
und in die Nacht noch nicht reingekrochen bin.

Hier hast du den Tag zurück, Gott.
Er gehört dir.
Und ich auch.

Nacht

In der Nacht,
wenn sich der Schlaf verweigert,
oder sich mit Albträumen füllt,
wenn sich kleine Sorgen
wie Berge auftürmen,
wenn die Gedanken
ohne Ende kreisen:
Dann schick du, Gott,
einen Engel,
der die Schrecken des Dunkels vertreibt
und mich einhüllt
in das Vertrauen auf dich.

Gebete zu bestimmten Themen

Abschied

Lebendiger Gott,
du bist das A und das O, der Anfang und das Ende.
Bei dir sind wir geborgen,
und in deiner Hand steht unsere Zeit.

Wir haben Menschen loslassen müssen,
ohne die wir uns das Leben nicht vorstellen konnten
und auch nicht vorstellen wollten.
Eine Lücke ist geblieben.
Sie füllt sich mit Traurigkeit
und auch mit Dankbarkeit für wunderbare Erfahrungen.
Segne beide.
Lass die Trauer nicht trostlos bleiben
und die Dankbarkeit zur Hoffnung werden,
dass immer noch Frohes auf uns wartet.

Wir haben Hoffnungen loslassen müssen,
die unserem Leben Antrieb und Sinn geschenkt haben.
Unsere Kräfte sind endlich,
unsere Erfolge vergänglich.
Trage uns durch die Zeit, in denen uns kein Licht mehr scheint,
führe uns aus den dunklen Tälern wieder dorthin,
wo wir weiten Horizont sehen
und unser Leben Perspektiven bekommt.

Wenn Bewährtes geht und Neues noch nicht erkennbar ist.
fühlen wir uns hilflos und allein.
Erhalte uns die Ahnung, und die Hoffnung,
dass es wichtige Zeiten sind,
in denen wir uns neu orientieren können,
und uns auf geheimnisvolle Weise neue Kräfte zuwachsen wollen,
damit wir dir sehnsüchtig und getrost stille halten.

Alltag

Himmlischer Vater, ewiger Gott,
mein Leben verläuft gerade ganz unaufgeregt,
ohne große Höhen und Tiefen.
Der Alltag geht seinen Gang,
und ich kann gut damit leben.
Danke für Routinen, die mir Halt geben,
und für den Rhythmus, der meinem Tag Struktur verleiht.
Öffne meine Augen für die kleinen Wunder an jedem Tag:
für die ersten Sonnenstrahlen,
die durch die Jalousien ins Schlafzimmer dringen,
für die erste Tasse Kaffee und ein stärkendes Frühstück.
Für all das, was mich daran erinnert: Ich lebe.
Lass mich im ruhigen Fahrwasser des Alltags
Ruhe finden und Kraft tanken
für die stürmischen Zeiten, die kommen werden.

Gott, manchmal bemerke ich auch die andere Seite des Alltags:
Ich lasse mich gefangen nehmen von eingefahrenen Mustern,
ich finde weniger Zeit für mich, für meine Lieben, für dich.

Ich bitte dich:
Unterbrich mich, wo es nötig ist.
Schaffe dir Raum in meinem Leben,
schenke mir Ausdauer in der Suche nach dir
und lass dich finden.
Segne mich, und lass mich ein Segen sein für andere.
Auch jetzt, im ganz unaufgeregten Alltag.

Altern, älter werden

Nicht mehr ...
Immer mehr Raum nimmt diese Erkenntnis,
jetzt, wo ich alt werde:
Ich bin nicht mehr so schnell wie früher,
nicht mehr so belastbar,
nicht mehr so gesund.
Vieles, was ich früher konnte,
kann ich nicht mehr.
Ich bin »in die Jahre gekommen«.
Aber noch ist mir so vieles möglich:
Noch kann ich lachen,
noch lieben,
noch genießen,
was das Leben mir Gutes bietet.
Und noch und immer mehr
kann ich dir danken; Gott,
für die Zeit,
die du mir geschenkt hast:
für Glück, für Bewahrung in schweren Zeiten,
und für deine Nähe,
die mich immer umgibt.

Gott,
ich bin alt geworden,
alles geht bei mir immer langsamer,
nur die Zeit rast.
Ich bin mir bewusst,
dass der Vorrat meiner Tage begrenzt ist.
Viele Angehörige und Freunde
sind schon gestorben.
Mit meinen Erinnerungen bleibe ich oft allein,
und manchmal fühle ich mich aus der Zeit gefallen,
weil sich alles so schnell ändert
und ich vieles nicht mehr verstehe.
Gott, du hast mich begleitet
durch meine Jahre,
steh mir auch jetzt im Alter bei.
Ich möchte niemandem lästig werden,
niemanden nerven.
Auch in meiner zunehmenden Schwäche
möchte ich meine Würde behalten.
Ich bitte dich, mein treuer Gott:
Bewahre mich vor Missmut,
vor Neid auf die Jugend,
und nimm mir die Angst,
vor dem Sterben.

Herr, bleibe bei mir, denn mein Leben neigt sich dem Abend zu.
Ich habe mehr Tage hinter mir als vor mir.
Ich habe nicht mehr die Kraft für alles,
und auch nicht die Geduld.
Hilf mir, meinen Frieden damit zu machen.

Gib mir einen klaren Blick beim Aufräumen meines Lebens.
Gib mir Kraft und schenke mir die richtigen Worte
für wichtige Klärungen
und fällige Entschuldigungen.
Für Komplimente, die ich schon längst hätte machen sollen.
Für Grenzen, die ich um meines Friedens willen ziehen muss.
Für Briefe, die noch geschrieben werden wollen.

Lass mich deine Liebe und Gnade erfahren,
dass ich freundlich auf mein Leben zurückblicken kann.
Öffne meine Augen für die Wunder des Lebens,
für all das, was noch kommt,
wenn du und ich unsere Geschichte weiterschreiben.
Nimm mir die Angst vor dem Sterben.
Du hast den Tod besiegt.
Du wirst geradebiegen, was im Leben krumm geworden ist.
Du lässt in Kraft auferstehen, was schwach am Boden liegt.
Du bleibst bei mir.
Auch dann, wenn mein Leben sich dem Abend zuneigt,
wenn es kälter wird und die Nacht ihre Schatten vorausschickt.

Angst

Fürchte dich nicht«
sagst du immer wieder,
du unser Gott,
auf den wir vertrauen.
Wir klammern uns an dein Wort,
wenn sich Abgründe auftun in unserem Leben,
und uns Ängste überfallen,
die uns verfolgen
Tag und Nacht.

Wir bitten dich:
Gib uns Halt,
wenn wir keine Ruhe mehr finden,
weil Bedrohliches vor uns liegt.
Stärke uns,
Schreckgespenster zu vertreiben,
die nur unserer Fantasie entstammen.
Mach uns Mut,
uns anderen anzuvertrauen
mit dem, was wir fürchten,
und lass uns Verständnis und Hilfe finden.

Gott, sei uns Zuflucht,
wenn unsere Sicherheiten zerbrechen.
Schenk uns Selbstvertrauen durch deine Nähe
und neuen Boden unter den Füßen
durch dein heilsames Wort,
das uns frei macht von unserer Furcht.

Gott, als ich klein war, waren da Monster unter meinem Bett.
Ich habe sie nie gesehen, aber gespürt.
Ich wusste: Sie sind da.
Nachts werden sie wach,
spähen aus glühenden Augen ins Dunkel.
Sie warten darauf, dass ich aus dem Bett klettere,
um mit scharfen Krallen nach meinen Füßen zu greifen.

Gott, jetzt bin ich groß.
Und meine Monster sind mitgewachsen.
Sie liegen als Leichen im Keller,
treiben ihr Unwesen in meinen Träumen.
Stimmen, unter deren Flüstern ich wieder klein werde.
Dämonen, die mich an Orte zerren, wo ich nicht sein will.
Jetzt gerade werden sie wieder wach,
kommen aus ihren Löchern gekrochen.
Wenn meine Deckung unten ist.

Du bist stärker als ich, Gott.
Und stärker als sie.
Beschütze mich.
Halt Wache, wenn meine Augen den Fokus verlieren.
Befiehl den Stürmen in meinem Herzen, sich zu legen.
Hau den Geistern auf die Finger, wenn sie nach mir greifen.

Und, wer weiß ...
Vielleicht gibst du mir irgendwann einmal die Kraft und den Mut,
die Leichen aus meinem Keller zu holen
und würdig zu begraben,
den Monstern unterm Bett die Hand zu reichen und ihr Freund zu werden.
Irgendwann.

Arbeitslos

Gnädiger Gott,
du bewertest uns nicht nach Leistung,
du stellst keine Rangliste auf nach unseren Erfolgen.
Jeder Mensch ist dir wichtig
nach dem Maß deiner Liebe.
Ich weiß das,
ich glaube das,
und doch fühle ich mich ohne Arbeit wertlos.
Wer bin ich, ohne etwas zu leisten,
wie stehe ich da in den Augen anderer?
Wie werde ich fertig mit meiner Empörung,
die mir den Schlaf raubt?
Gott, es ist schwer,
mich im Licht deiner Gnade zu sehen,
von dir meinen Selbstwert bestimmen zu lassen
und nicht von dem Urteil unserer Leistungsgesellschaft.
Hilf mir dabei
und mach mir Mut,
Sinn in meinem Leben zu finden
auch ohne Arbeit.

Ich werde nicht mehr gebraucht.
Man hat mich »freigesetzt«, sagt man mir.
Dabei wollte ich gar nicht »frei« sein.
Es gab mir Halt,
jeden Morgen zu einer bestimmten Zeit aufzustehen,
einen Rhythmus im Leben zu haben,
zu wissen, dass man mich erwartet,
dass ich eine Aufgabe habe
und eine Pflicht.

Sie haben mich nicht freigesetzt,
sie haben sich von mir befreit.
Ich war ihnen zu viel,
zu teuer,
nicht mehr jung genug oder
der Leistung nicht mehr fähig.

Ich habe Angst.
Wie soll das werden?
Ich will nicht abhängig sein von »Stütze« und Hartz IV.

Hast du mit dem Ganzen zu tun?
Gott, in der Kirche sagen sie mir,
du seist für alle da,
besonders für die, die »unten« sind.
Du hättest ein Herz für sie.
Eigentlich brauch ich eine Arbeit!
Aber wenn einer ein Herz für mich hätte,
das wär auch schon was.
Denn davor hab ich wohl am meisten Angst:
dass ich »wertlos« werde.
Bitte! Lass das nicht zu!

Behinderung

Gott, Schöpfer allen Lebens,
wenn wir Menschen mit Behinderung sehen,
denken wir oft:
Was ist das für ein Leben!
War das dein Wille,
oder ist es ein unerklärlicher Zufall?
Wir sind unsicher,
wie wir uns verhalten sollen,
empfinden Mitleid,
stellen uns vor,
wir wären betroffen.
Wir wollen nicht erinnert werden,
dass auch unser Leben zerbrechlich ist,
dass auch unsere Kräfte begrenzt sind,
dass auch wir nicht alles allein schaffen.

Gott,
ermutige uns,
in Kontakt zu treten
mit Menschen, deren Defizite ins Auge fallen.
Schärfe unseren Blick
für ihre Tapferkeit,
ihr Kämpferherz,
ihre Freude am Leben,
und lass uns von ihnen lernen,
was wirklich wichtig ist:
die Liebe, die keine Leistung braucht,
die Momente von Glück und Zärtlichkeit,
die Kraft, die sich in Schwachheit bewährt.

Schließ uns zusammen in dem Bewusstsein,
dass du uns alle wunderbar gemacht hast,
jeden von uns auf ganz eigene Weise,
und mach uns zu Leuten,
die öffentlich dafür einstehen,
dass jeder Mensch wichtig ist
und einen Platz hat unter uns.

Beten

Großer Gott
und durch Jesus Christus
unser lieber himmlischer Vater,

Es tut so gut, mit dir reden zu können.
Es tut so gut zu wissen,
dass du ein Ohr und ein Herz für uns hast.

Wie arm wäre unser Gebet,
wenn es nur bei uns bliebe,
wenn es dich nicht erreichen würde,
wenn es ein Selbstgespräch bliebe.

Wie arm wären wir,
wenn du nicht zu uns reden würdest
und wir nichts von dir wahrnehmen könnten.

Wir danken dir,
dass du auf unsere Gebete wartest
und sie hören möchtest.

Wir bitten dich,
dass du uns das rechte Beten lehrst,
damit wir in Einklang kommen mit dir,
und unsere Wünsche sich an deinem Willen orientieren.

Schenke uns die Sehnsucht ins Herz,
mit dir zusammen zu sein
und damit auf deine Sehnsucht nach uns zu antworten.

Bewahrung

Noch einmal davongekommen.
Wie konnte ich das Leben nur so lange
als Selbstverständlichkeit ansehen?

»Glück gehabt«,
sagen die einen.
»Gut aufgepasst«,
sagen andere.
Ich will es Bewahrung nennen,
schützender Gott.
Du hältst mich,
und wenn ich falle,
hebst du mich auf.
Bei dir bin ich gut aufgehoben.

Bildung

Schöpferischer Gott,
du hast uns einen Hunger nach Bildung ins Herz gepflanzt,
eine Sehnsucht nach Wachsen,
einen Durst nach Wissen und Erfahrung.
Du hast uns einen Verstand gegeben
und traust uns zu, ihn zu gebrauchen.
Er ist nicht der Feind unseres Glaubens an dich,
sondern sein Bruder.
Lass unseren Wissensdurst nicht versiegen,
und gib ihm Nahrung.
Segne alle Lernenden und Forschenden,
lass sie wachsen und sich entfalten
wie ein Baum an einem Bachlauf.
Gib uns Ausdauer,
wenn wir etwas nicht verstehen.
Schenke uns Verständnis und Einsicht
im Austausch miteinander.
Hilf uns, Wichtiges von Unwichtigem zu unterscheiden
und verantwortungsvoll mit neuen Erkenntnissen umzugehen.
Lass uns entdecken, was dem Leben dient.
Und gib deinen Segen dazu,
damit alles, was wir lernen, uns dabei hilft,
uns selbst,
diese Welt
und dich
besser zu verstehen.

Burn-out

Gott,
du Quelle von Lebenskraft,
meine Kraft ist erschöpft.
Ich kann nicht mehr.
So viel wird von mir verlangt,
und möglichst gut soll ich alles machen:
Das erwarten nicht nur andere,
das ist auch mein Ziel.
Ich strenge mich an,
aber ich schaffe es nicht.

Gott,
dir muss ich nichts vormachen:
Du siehst die Kämpfe,
die ich täglich führe,
um zu funktionieren.
Du weißt,
dass ich am liebsten alles hinschmeißen würde,
und mich verkriechen,
weil ich mich schäme für meine Schwäche.

Ich brauche Hilfe, Gott.
Gib mir den Mut,
sie mir zu suchen
bei anderen Menschen,
und schenk mir die Zuversicht,
dass es Wege gibt,
zu neuen Kräften zu kommen.

Dankbarkeit

Gott, ich danke dir!
Meine Beine tragen mich,
meine Hände können greifen.
Mein Geist ist wach.
Ich erinnere mich, was gestern war,
an das Gute und das Schwere.
Ich erkenne die Menschen, die ich liebe,
und berge mich in unserer gemeinsamen Geschichte.
Danke!

Ich lebe auf einem gesegneten Flecken Erde:
Es tobt kein Krieg,
von Naturkatastrophen bleiben wir meist verschont.
Hier darf ein Kranker begründet auf Hilfe hoffen,
hier gilt das Recht noch etwas.
Ich bin mit allem versorgt, was ich zum Leben brauche.
Mein Tisch ist gedeckt,
sauberes Wasser fließt einfach aus dem Hahn.
Danke!

Danke für die Musik, die meine Seele erhebt,
für mein Augenlicht, das die Wunder deiner Schöpfung betrachtet.
Danke für den Geruch von kaltem Regen auf heißem Asphalt,
für den betörenden Duft der Blumen
und die Erinnerungen, die in mir aufsteigen,
wenn es nach frisch gebackenem Brot riecht.
Danke für Zärtlichkeiten, die meinen Körper berühren
und mein Herz mit Glück fluten.

Gott, ich danke dir!

Ewigreicher Gott,
die ganze Schöpfung singt dir ein Loblied.
Die Vögel zwitschern einen Jubelgesang auf das Leben,
auf seine Schönheit,
seinen Reichtum
und die Freude daran, einfach da zu sein.

Du hast alles so wunderbar gemacht,
ich kann nur staunen.
Je mehr mir die Naturwissenschaften erklären,
umso größer wird meine Ehrfrucht vor deinem Werk.

Ich will dich loben
mit meiner Stimme,
mit Händen und Füßen,
mit all meinen Sinnen.
Ich will einstimmen in den Klang der Schöpfung,
die dir Tag und Nacht ihre Symphonie darbringt,
und hoffe, du freust dich darüber.

Demokratie

Gerechter Gott,
du hast das Recht lieb
und sorgst dich darum,
dass Rache und Vergeltung
das menschliche Herz nicht verhärten.

Wir danken dir,
dass wir in einer Demokratie leben dürfen.
Sie macht uns Arbeit, verlangt viel von uns,
und doch glauben wir,
dass auch du deinen Geist aufbietest,
damit wir in ihr unser Zusammenleben gestalten.

Wir dürfen in einer Freiheit leben,
die der Traum ungezählter Menschen ist.
Wir dürfen wählen,
wir können uns informieren,
haben eine freie Presse,
die viele Aspekte unserer Wirklichkeit ausleuchtet.

Wir danken dir für alle Menschen,
die sich für den Erhalt unserer Demokratie stark machen.
Für die kritischen Geister, die uns nicht einschlafen lassen,
für die Visionäre, die noch Besseres sehen,
für die Pragmatiker, die schauen, was an diesem Tag geht.

Schenk Versöhnung und Geduld,
Solidarität und Achtsamkeit,
dass wir die Spannungen,
die eine Demokratie mit sich bringt, aushalten.

Depression

Du, mein Gott, weißt:
Jeder Tag liegt vor mir wie ein Berg.
Schon morgens aufzustehen,
erfordert meine ganze Kraft,
Jede Aufgabe ist mir zu viel.
Ich weiß, du verstehst,
was so viele um mich herum nicht verstehen:
Ich markiere nicht,
ich lass mich nicht gehen,
und wenn sie sagen: »reiß dich zusammen!«,
dann ist das für mich wie ein Schlag ins Gesicht.

Gott, ich möchte mich so gern am Leben freuen,
nicht mehr nur mühsam funktionieren.
Ich möchte die gläsernen Wände durchbrechen,
die mich von anderen Menschen
und von den eigenen Gefühlen trennen.
Gott, überlass mich nicht den Schatten,
die meine Seele umhüllen
und mich blind machen
für jede Hoffnung.
Lass mich nicht fallen, ins Bodenlose fallen!
Hilf mir heraus aus dem Gefängnis der Depression.

Diskussionskultur

Gott, wir blicken mit Sorge in eine Gesellschaft,
in der es kälter wird,
in der Blicke eisiger, Herzen frostiger
und in der zugleich die Wut und Verzweiflung heißer werden:
Senke deinen Geist über unsere Welt,
gieße ihn aus
wie Feuerzungen,
der die kalten Herzen auftaut,
oder wie Regen,
der die Brände, die wir leichtsinnig legen, löscht.
Gib denen Kraft, die gegen den Strom schwimmen,
gib Raum und Nachhall für Zwischentöne
und Geduld fürs genaue Hinsehen, Hinhören,
miteinander Reden.

Diversität

Gott, Schöpferin einer schillernden und pulsierenden Welt,
du hast uns nach deinem Bild geschaffen.
Wir alle tragen deine Züge,
jeder und jede ist ein Einzelstück
in dem unendlich großen Mosaik,
mit dem du dich in der Welt verewigst.
Jeder und jede ist ein eigenes Kapitel deiner Geschichte mit uns.
Du offenbarst dich im Leben von Menschen verschiedenster Herkunft,
du bist spürbar in der Liebe von Hetero-, Homo-, Bi- und Asexuellen.
Du hinterlässt Spuren in den Kulturen der Welt.
Du lässt dich loben in allen Sprachen und Dialekten der Erde,
und du sendest uns deinen Geist, um einander zu verstehen.
Nimm uns die Angst vor dem Fremden.
Wecke in uns die Neugier aufeinander.
Lass uns voneinander lernen
und einander freundliche Gäste sein
in den unendlich vielen Wohnungen deines großen Hauses.

Dürre

Aus trockenem, dürren Land rufe ich zu dir« (Psalm 63,2b):

Die Klage des Psalmbeters ist bei uns
Wirklichkeit geworden.
Schon lange ist kein Regen gefallen,
die Wiesen verdorren,
die Bäume verlieren vorzeitig die Blätter,
Bäche und Flüsse trocknen aus.

Gott, unser Klima hat sich gewandelt,
und wir wissen,
auch wir tragen Schuld daran.
Trotzdem: Erbarme dich doch deiner leidenden Schöpfung,
lass endlich Regen fallen,
die Wälder aufatmen
und die Böden neues Grün treiben!

Wir bitten dich auch:
Bring uns zur Besinnung,
dass wir unser Leben verändern
in Rücksicht auf unsere Mitgeschöpfe
und die zerbrechliche Schönheit der Erde.

Elternsein

Großer Gott,
wir sind so froh über unser Kind.
Wir haben es lieb und wollen nur das Beste für es.

Wir kommen aber auch an unsere Grenzen.
Es schreit und schreit und will nicht aufhören.
Wir wechseln uns ab,
tragen es kilometerweit durch die Wohnung.
Manchmal sitzen wir nachts weinend zusammen auf der Treppe
und wissen uns keinen Rat.
Wie gut, dass wir zu zweit sind.
Um wie viel schwer haben es Alleinerziehende wohl.

Nächte ohne erholsamen Schlaf sind wie eine Folter.
Bei aller Liebe zu unserem Kind
wächst die Verzweiflung
und die Angst, dass unsere Geduld nicht reicht,
dass wir es nicht aushalten
und in einem schlimmen Moment
die Kontrolle über uns selbst verlieren.

Bewahre uns davor,
bitte, gütiger Gott,
bewahre uns davor.

Ehrgeiz

Leidenschaftlicher Gott,
weiser Herrscher über allem, was ist,
du hast uns reich beschenkt.
Mit Körpern, die Erstaunliches leisten.
Mit Köpfen, die im Geiste ganze Welten erschaffen können.
Mit Händen, die Kunst entstehen lassen.
Mit Füßen, die die ganze Erde beschreiten.
Aber du hast uns auch Grenzen gesetzt.
Heilsame, sinnvolle Einschränkungen,
innerhalb derer gutes Leben möglich ist.
Erhalte uns unsere Freude am Entdecken,
aber schütze uns vor blindem Ehrgeiz,
der krank macht.
Lass uns gnädig sein
mit unseren eigenen Grenzen
und mit denen anderer.
Befreie uns aus dem schwindelerregenden
Höher! Schneller! Weiter!,
in das uns die Gesellschaft zwingt.
Heile uns von dem Größenwahn,
der uns dazu bringt,
uns mit dir zu verwechseln.
Lehre uns erkennen,
wann es Zeit ist,
die Hände sinken zu lassen,
den Lauf zu verlangsamen,
uns zurückzulehnen
und es gut sein zu lassen.

Essen

Barmherziger, sorgender Gott,
jeder Bissen, den wir essen,
jedes Stück Brot, jeder Teller Suppe, jeder Apfel
ist ein Zeichen, dass du uns erhörst:
Unser tägliches Brot gib uns heute.
Hilf uns, unser Essen zu genießen,
und bewahre uns davor,
deine Gaben zu verschwenden.

Gott der Weisheit und der Vernunft,
alles ist uns erlaubt,
aber nicht alles dient uns zum Guten.
Nicht alles, was wir zu uns nehmen,
nährt und stärkt uns.
Und manches von dem, was wir essen,
haben wir durch Mundraub an anderen
und Raubbau an der Natur.
Hilf uns zu unterscheiden
und klug und gerecht zu haushalten.

Gott, Vater Jesu Christi,
der sich mit Menschen an den Tisch gesetzt
und sie satt gemacht hat:
Öffne unsere Augen für diejenigen,
für die noch Platz ist an unserem gedeckten Tisch,
für die unser Brot noch reicht
und die in unserer Gemeinschaft fehlen.

Frauen

Barmherziger Gott!
Wir danken dir für alle,
die uns die Liebe zu dir gelehrt haben.
Oft waren es Frauen,
unsere Mütter und Großmütter,
unsere Lehrerinnen.

Sie haben uns von dir erzählt,
haben mit uns gebetet,
haben uns Geborgenheit geschenkt
und uns ermutigt, bei dir unsere Zuflucht zu suchen.

Stell den Kindern und Jugendlichen
auch heute solche Menschen an die Seite,
die ihnen vorleben, was Glauben heißt,
und ihr Herz füllen mit deinem Wort.

Lass das Vertrauen auf dich
auch unter uns
weiterwachsen.

Freude

Lebendiger Gott,
ich könnte vor Freude zerspringen.
Ich kann mich nur als von dir gesegnet
und beschenkt wahrnehmen.

Ich bin gesund,
lebe ohne Schmerzen,
die kleinen Wehwehchen, die ich habe,
gehen vorbei und belasten mich nicht.

Ich spüre im Moment,
dass ich zur rechten Zeit
am rechten Ort bin.
Ich muss über den Sinn meines Lebens nicht grübeln,
er liegt offen vor mir.
Ich kann lieben und werde geliebt.
Vieles, was ich anfange, gelingt mir.
Ich fühle, dass ich gebraucht werde
und als Person angenommen bin.

Ich könnte die Welt umarmen,
die Zeit anhalten
und wünschte, allen ginge es wie mir.

Ich will diesen Augenblick nicht vergessen.
Aus der Erinnerung an ihn
soll hoffnungsfrohe Sehnsucht geboren werden,
wenn Tage kommen,
die mir einmal schwer werden.

Alles hat seine Zeit!
Jetzt ist die Zeit, aus vollem Herzen
nichts als DANKE zu sagen.

Freundschaft

Wir danken dir für die Menschen,
die du uns an die Seite gestellt hast:
in der Familie, im Freundeskreis
und auch in der Gemeinde.
Es ist nicht selbstverständlich,
Liebe und Freundschaft zu erfahren,
ein offenes Ohr zu finden für unsere Sorgen,
Geduld und Nachsicht mit unseren Schwächen,
Wir danken dir für die,
die Verständnis für uns haben,
die uns liebevoll kritisieren
und sich aufrichtig mit uns freuen.
Gott, segne unsere Verbindungen
und stärke unseren Zusammenhalt.

Frieden

Herr der Welt,
wie oft haben wir dich um Frieden gebeten,
und es kommen immer wieder
neue Konflikte.

Wie oft sind wir vor dich getreten
mit unseren Klagen über das Unrecht
und über die Gier, die Leben zerstört

Dennoch geht alles immer so weiter.
Die Tatsachen sprechen deinen Verheißungen Hohn.
Hast du deine Ohren verschlossen, Gott?
Lässt du dich nicht mehr bewegen von uns?
Ist dir das Leid deiner Schöpfung gleichgültig geworden?
Wie lange müssen wir noch warten,
bis wir endlich sehen, was wir glauben:
dass Gerechtigkeit einkehrt
und Versöhnung wächst unter den Menschen,
und die Schöpfung aufatmen kann?

Gott, erbarme dich über uns
und über unsere friedlose Welt!

Du Gott des Friedens:
Täglich hören wir
von Krieg und Gewalt,
täglich sehen wir
Bilder von Elend und Zerstörung.
Wir sehnen uns nach Hoffnungszeichen.
Wir brauchen Menschen,
die uns stärken in dem Vertrauen,
dass unsere Welt veränderbar ist.

Deshalb danken wir dir für alle,
die sich für Versöhnung einsetzen,
die verfeindete Menschen zusammenführen
und ihnen helfen,
mit den erlittenen Wunden zu leben,
ohne Rache zu nehmen,
ohne in Feindschaft zu verharren.
Lass sie nicht müde werden durch Rückschläge.
Ermutige sie durch dein Wort
und durch wirksame Unterstützung.

Wir danken dir für alle,
die sich um Recht und Gerechtigkeit mühen,
die für die sprechen,
deren Stimme nicht zählt.
Lass sie standhaft bleiben
gegen Einschüchterung und Verleumdung,
und bestätige sie
durch Erfolge in ihrer Arbeit.

Gott, wir danken dir für alle,
die die Demokratie verteidigen,
die aufstehen gegen staatliche Willkür
und die einschreiten,
wenn Menschen ausgegrenzt werden,

die anders denken, anders leben und anders lieben.
Erhalte ihnen ihre Wachsamkeit
und schenke ihnen einen langen Atem.

Gott, es gibt viele Menschen,
die sich nicht lähmen lassen
von den täglichen Schreckensmeldungen,
Männer und Frauen, die empfindsam sind
für das Leid anderer Menschen
und für das Seufzen der Kreatur.
Sie stehen mit ihrem Leben ein
für deine Verheißung von Schalom.
Sie verbreiten Hoffnung
und sie machen Mut zum Handeln.
Wir möchten zu ihnen gehören
und bitten dich
um die Kraft dazu.

Geborgenheit

Bei dir bin ich geborgen,
Gott allen Trostes.
Von allen Seiten umgibst du mich
und hältst deine Hand über mir.

Es gibt die Momente, in denen ich das spüre.
Das Tosen um mich herum rückt in weite Ferne,
und ich höre deine Stimme,
die mir zuflüstert:
»Alles ist gut!«
Für Augenblicke ist das die ganze Wahrheit.
Alles andere zählt nicht.
So pflanzt du die Hoffnung in mein Herz,
dass alles gut wird, weil du gut bist,
allgütiger Gott.

»So ihr nicht werdet wie die Kinder«,
hat dein Sohn einmal gesagt.
Ja, wie ein Kind möchte ich werden,
das von dir alles Gute erwartet
und sich in den Schlaf wiegen lässt,
weil es sich und alles loslassen kann.

Geflüchtete

Gott, wir klagen dir das Schicksal der Menschen,
die den Weg übers Mittelmeer suchen
und den Tod finden.
Wir bitten dich:
Reiß die Mauern der Festung Europa ein,
damit kein Boot mehr daran zerschellt.
Lege den Menschenschlepperbanden das Handwerk,
damit niemand mehr in überfüllten Lastern erstickt
und niemand aus der Not Profit zieht.
Lass die Schiffe der Küstenwache im Hafen bleiben,
wenn sie ausfahren, um zu vertreiben, statt zu helfen.
Gib denen, die sich in der Seenotrettung engagieren,
günstige Winde und ein scharfes Auge,
Kraft und noch mehr Kraft für ihren Dienst.
Befiehl den Stürmen zu schweigen
und streiche die Wellen glatt,
damit das Sterben im Mittelmeer aufhört.

Gott, Anwalt der Schwachen
du hast dein versklavtes Volk begleitet,
als es aus Ägypten floh.
Du hast sie sicher durch das Meer geführt,
sie in der Wüste bewahrt vor Durst und Hunger
und ihnen das Land der Verheißung erschlossen.
Wir legen dir die Flüchtlinge unserer Zeit ans Herz:
Viele von ihnen ertrinken im Meer,
werden in die Wüste getrieben, um dort zu sterben.
Kein Staat Europas will sie haben,
überall stoßen sie auf geschlossene Grenzen,
und ihr Traum eines besseren Lebens zerbricht.
Wir bitten dich: Erbarme dich über sie,
und schaff ihnen tatkräftigen Beistand,
auch unter uns.

Gott, Liebhaber des Lebens:
Du hast die beiden Hebammen Pua und Sifra in Ägypten gesegnet,
als sie dem Pharao widerstanden
und todgeweihte Kinder am Leben ließen.
Segne auch heute die mutigen Menschen,
die Geflüchteten das Leben retten
und für deren Rechte eintreten.
Viele von ihnen werden diffamiert,
von Machthabern unter Druck gesetzt,
manche mit harten Strafen bedroht.
Wir bitten dich:
Stärke du ihnen den Rücken
und stell ihnen andere an die Seite,
die sich wirksam mit ihnen verbünden,
darunter auch uns.

Gott, du bist geduldig und gnädig,
und hast dich nicht abbringen lassen,
deinem Volk in der Wüste die Treue zu halten,

obwohl sie dir Mühe und Ärger machten.
Pflanz deine Geduld und Großherzigkeit
auch in die Menschen,
die in Europa Geflüchteten helfen.
Manche Erwartungen werden enttäuscht,
und es kommt zu Konflikten, die Kräfte rauben.
Wir bitten dich:
Lass sie trotz allem nicht resignieren.
Erhalte den Willen zu Verständigung
und zu einer bunten Gesellschaft,
auch bei uns.

Gott, der du Herzen wandeln kannst,
vertreib mit deinem heiligen Geist
den Ungeist von Fremdenfeindlichkeit und Nationalismus,
der Europa zu spalten droht.
Stärke alle Initiativen,
die den Zusammenhalt fördern
und der Menschlichkeit dienen,
auf dass überall Gerechtigkeit und Frieden wachse
nach deiner Verheißung.

Geld

Viel zu oft, Gott,
kreisen unsere Gedanken um Geld.
Wenn wir zu wenig haben,
machen wir uns Sorgen,
wie wir über die Runden kommen.
Wenn wir genug haben,
denken wir trotzdem,
wir bräuchten noch mehr.
Und auch wenn wir reich sind,
fällt es uns schwer,
reichlich zu teilen.

Das Geld hat Macht.
Bei anderen sehen wir das viel eher
als bei uns selbst.
Wir stimmen ein in die Klage:
Geld regiert die Welt.
Aber wie steht es bei uns?

Gott, wir bitten dich:
Befrei uns von Gier und Geiz.
Mach uns großzügig im Umgang mit dem,
was wir haben,
bereit zu teilen.
Nicht Geld soll mehr die Welt regieren,
sondern Gerechtigkeit und Gemeinschaftssinn.
Hilf uns, dazu beizutragen.

Allmächtiger und darin barmherziger Gott,
du führst uns aus der Sklaverei in die Freiheit.
Wir sollen keine anderen Götter neben dir haben.
Und doch tun wir es.
Wo wir sie anbeten,
da geben wir ihnen Macht über unser Leben,
die ihnen nicht zusteht.

Wir klagen dir die Macht,
die das Geld über uns hat.
Wenn es uns dazu bringt,
Wirtschaftlichkeit über Barmherzigkeit zu stellen.
Wenn wir es zum Maßstab dafür erheben,
was ein erfolgreiches, gelingendes Leben ist.
Wenn es in unseren gefährdeten Herzen
die Gier und den Neid weckt.
Wenn es die Gesellschaft spaltet
und die Kluft zwischen denen,
die genug haben,
und denen, die nicht genug haben,
immer breiter werden lässt.
Wenn es in Schulden verstrickte Menschen
zu Sklaven macht.

Hilf uns dabei, klug und gerecht zu wirtschaften.
Schenke uns Freude an ehrlich erworbenem Eigentum,
ohne dabei Schaden an der Seele zu nehmen,
und gib uns gute Ideen,
wie wir unseren Besitz zum Wohle aller benutzen können.

Gott, Spender und Erhalter allen Lebens,
das Geld kann uns unabhängig und beweglich machen,
es kann uns helfen, einen gewissen Lebensstandard abzusichern,
zumindest für eine Zeit.

Aber Erlösung, Gnade und Freiheit –
all das lässt sich nicht kaufen.
Das gibt es nur bei dir.
Und zwar in Fülle.
Danke dafür.

Über Geld spricht man nicht«, sagt man,
mit dir will ich aber darüber sprechen, guter Gott.
Danke, dass ich von meiner Arbeit leben kann.
Ich komme mit meinem Geld aus.
Manchmal ist sogar noch was übrig,
obwohl der Monat keine Tage mehr hat.

»Geld verdirbt den Charakter«, sagt man.
Vielleicht stimmt das.
Wenn, dann hilf mir, dass es mich nicht verdirbt.
So viel Schönes und Gutes kann man mit Geld machen.
Großzügig möchte ich sein,
denn das macht das Herz weit.

»Geld regiert die Welt«, sagt man.
Ich fürchte, das stimmt.
Und wenn es anfängt, mich zu regieren,
mach mich frei.

Ich bitte dich nicht, mich mittellos zu machen.
Armut ist kein Ideal, so wie Reichtum kein Wert ist.
Ich bitte dich aber, dass du mir hilfst,
mit dem, was ich habe, in deinem Sinne umzugehen.

Gemeinde

Guter Gott,
es tut mir gut, zu einer Gemeinschaft zu gehören.
Gemeinsam nach deinem Willen heute zu fragen,
von Erfahrungen anderer zu hören,
ihren Glauben zu sehen,
ihre Zweifel wahrzunehmen,
ihre Sehnsucht zu teilen,
gibt mir das Gefühl,
aufgehoben und nicht allein zu sein.
Hier wird füreinander gebetet!
Ich wusste lange nicht, wie wichtig das ist
und wie sehr es den Blick auf meine Mitmenschen verändert.

Auch in meiner Gemeinde gibt es Schwierigkeiten,
Eitelkeiten, die ihre Blüten treiben,
Achtlosigkeiten, die weh tun,
Verletzungen, die wir einander zufügen.
Wir sind keine makellosen Spiegel deiner Liebe, Gott.
Und doch spüre ich hier noch etwas davon,
dass man an den eigenen Fehlern leidet,
Verantwortung übernehmen will
und nach Versöhnung sucht.
Unvollkommen bleibt auch das,
aber wir halten dein Wort
und deinen Geist hier nicht außen vor
und meinen, alles unter uns regeln zu können.

Mir ist meine Gemeinde ans Herz gewachsen
und ich bin zu einem Teil von ihr geworden.
Dafür danke ich dir.
Halte uns zusammen
und halte uns nah bei dir.

Gewalt

Herr Jesus Christus,
du bist mit Narben auferstanden,
von Gewalt und Willkür gezeichnet.
Wir legen dir die Menschen ans Herz,
die sexuelle Gewalt erleben mussten,
die Verletzungen an Leib und Seele davongetragen haben.
Heile ihre Wunden.
Schütze sie vor erneutem Missbrauch.
Nimm den Opfern die Furcht,
lass ihre Stimmen laut sein, wenn sie an die Öffentlichkeit gehen,
und zerstreue in ihnen jedes noch so kleine Gefühl,
an ihrem Leiden selber schuld zu sein.

Gott, du siehst ins Verborgene.
Du weißt und wir ahnen, dass sich hinter verschlossenen Türen
in unseren Straßen Furchtbares abspielt.
Wir bitten dich für die Opfer von häuslicher Gewalt:
Gib ihnen die Kraft, sich zu wehren und auszubrechen.
Stelle ihnen Menschen an die Seite, die ihnen helfen.
Lass die Wunden an Leib und Seele verheilen.
Falle den Tätern in den Arm, wenn sie die Hand zum Schlag erheben,
und ins Wort, wenn sie damit verletzen wollen.
Und heile auch sie.

Gott,
dir bleibt keine Gewalttat verborgen.
Du weißt,
sexuelle Gewalt geschieht
unzähligen Frauen, Kindern,
und auch Männern.

Wir bitten dich
für die Überlebenden solcher Verbrechen:
Lass sie mit ihrem Schmerz und mit ihrer Empörung Gehör finden,
und stell ihnen Menschen an die Seite,
die sie begleiten und stärken.

Schenk ihnen Kraft,
mit dem Trauma zu leben
und sich Neuem zu öffnen,
auch durch unsere Unterstützung.

Wir bitten dich für alle,
die ahnen oder wissen,
was Menschen in ihrer Nähe angetan wird.
Hilf, die Scheu zu überwinden,
sich einzumischen.
Gib den Mut,
das Schweigen zu brechen und Hilfe zu holen,
damit das böse Treiben ein Ende nimmt.

Gott,
so wie Jesus uns aufgetragen hat,
bitten wir dich auch für die Gewalttäter,
denen nichts heilig ist außer ihrer Lust.
Lass sie nicht davonkommen mit ihren Vergehen.
Weck in ihnen echte Reue,
die sie heilsam verändert,
und lehre sie Respekt vor fremdem Leben.

Gott,
ich will sie nicht hören,
ich kann sie nicht ertragen:
die Nachrichten über Kindesmissbrauch.
Ich will sie mir nicht vorstellen,
die unvorstellbare sexuelle Gewalt,
die Körper und Seele der Kinder zeichnet,
ein Leben lang.

Mitten in unserer Gesellschaft leben die Täter,
Väter und Mütter,
die ihre Kinder verkaufen
für perverse Lust.

Gott,
wie kann das sein?
Wie können Menschen alle Grenzen überschreiten
und statt schutzlose Kinder zu behüten,
sie schlimmster Gewalt ausliefern?
Wo bist du, wenn das geschieht?
Wie soll ich dich loben,
als Beistand der Schwachen,
als Beschützer der Kleinen,
angesichts dieser Verbrechen?
Wie sollen die Kinder bei dir Zuflucht finden,
wie sollen sie deiner Liebe trauen?

So viele Fragen,
so viele Zweifel,
so viel Empörung erfüllt meine Seele.

Zeig dich, Gott!
Lass die Täter nicht davonkommen!
Mach uns alle wachsam und mutig,
Kinder zu schützen,
und schenke den Missbrauchten Kraft,
mit ihren Verwundungen zu leben.

Gott, Gottesbilder

Wer bist du?
unbegreiflicher Gott.
Der »Grund allen Seins«?
Die »Ursache aller Dinge«?
Die unbekannte Macht,
das »Irgendwas muss es da noch geben«?

Dein Wort sagt mir anderes.
»Ich bin da« nennst du dich selbst,
Du bist dabei, mittendrin,
verwoben in alles, was deine Kinder betrifft.
Kein stummer Gott,
kein Götze,
kein Werk unserer Hände,
unserer Gedanken,
unserer Wünsche und Sehnsüchte.
Ein »Du« bist du,
ein Gegenüber,
an Beziehung interessiert,
auf der Suche nach deinen Menschen.

Wir machen uns Bilder von dir,
wir können nicht anders.
Aber sie halten dich fest,
bestenfalls sind sie ein Augenblick,
der dich im Vorübergehen wahrnimmt.

Du bist der Lebendige,
gerecht und gnädig,
nah und fern,
in der Höhe und in den Abgründen.
Wir fassen dich nicht, unfassbarer Gott.
Vertrauen wollen wir dir dennoch.

Gott, ich weiß: Du bist kein alter weißer Mann.
Aber jetzt gerade denke ich dich so.
Ich stelle mir vor, dass dein Rücken krumm ist
vom Beschneiden der Weinstöcke,
vom Lauschen nach unten,
von dem, was wir dir aufladen
an Wünschen und Vorstellungen,
an Bildern und Sorgen,
an Gedanken und Verstrickungen,
von den vielen Malen am Tag,
wo du dich bückst und ein Gebet aufhebst,
das du auf dem Boden erspäht hast,
wie ein Vogeljunges,
nackt, unfertig und klein,
zwischen Steinen und Glas.
Kyrie eleison. Herr, erbarme dich.

Ich weiß, du bist kein alter, weißer Mann,
aber heute brauche ich dieses Bild.
Wie du vor deinem Wohnwagen sitzt
in einem klapprigen Campingstuhl
am Ufer eines großen, leuchtend blauen Sees
aus klarem Schmerz,
der gespeist wird von den salzigen Bächen,
die aus tausend und abertausend Augen fließen.

Heute brauche ich dieses Bild, Gott:
Mein Gebet kommt zu dir wie eine Flaschenpost.
Und du bückst dich, trotz Rücken und Kreuz.
Und liest und liest, bis du es auswendig kannst.

Heute brauche ich dieses Bild, Gott:
Du bist nah am Wasser gebaut.
Du zeltest da, wo der Schmerz am Größten ist.
Und wenn ich dorthin komme,
bist du schon da.
Kyrie Eleison,
Herr, erbarme dich.

Gott,
ich habe dich gesucht.
Hinter den Sandsteinsäulen mächtiger Kathedralen.
Im Lichterspiel bunter Kirchenfenster.
Zwischen goldenem Geschirr auf Altären voll Samt und Spitze.

Ich habe dich gesucht, Gott,
zwischen Buchdeckeln und zwischen Zeilen.
In klugen Aufsätzen und gewagten Theorien,
auf Schreibtischen und Diskussionspodien.

Ich habe dich gesucht, Gott,
im Blitzlichtgewitter und Scheinwerferlicht,
auf Thronen und Zeitschriftencovern,
in makellosen Gesichtern
und in Geschichten, die glatter laufen
als mein eigenes krummes Leben.

Ich habe dich gefunden, Gott.
Deine Spuren entdeckt rund um das verwitterte Holzkreuz
an der gefährlichen Kurve,
wo jemand jeden Donnerstag einen frischen Blumenstrauß ablegt.

Ich habe dich gesehen in einem verwackelten Handyvideo
aus der Zeltstadt im Flüchtlingslager.
Im Hintergrund brennende Müllsäcke,
irgendjemand schreit.

Ich habe dich gesehen, Gott,
in einem Einspieler in den Nachrichten:
ein Krankenhausflur irgendwo auf der Welt,
Betten an der Wand aufgereiht,
eine Pflegerin, die erschöpft auf dem Boden kauert.
Lass dich weiter finden, Gott.
Dort, wo du gesehen werden willst.

Grenzen

Ewiger Gott,
schrankenlos ist deine Macht,
unerschöpflich deine Güte,
unauslöschlich deine Liebe.
Du kennst keine Grenzen.
Ich schon.
Ich bin nicht du.
Ich bin ein Mensch, dem Grenzen gesetzt sind.
Ich spüre die Grenzen meiner Energie:
Ich kann nicht ohne Unterbrechung etwas leisten.
Ich weiß um die Begrenztheit meines Lebens,
auch wenn ich es oft verdränge.
Ich spüre die Begrenztheit meiner Fähigkeit zu lieben.
Ich bringe nicht für alle und alles Verständnis auf,
mein Geduldsfaden ist nicht endlos strapazierfähig.
Hilf mir, mich selbst mit meinen Grenzen anzunehmen.
Und wo du mir die Kraft geben willst,
über mich selbst hinauszuwachsen,
da zeige es mir deutlich.

Grenzenloser Gott,
du schaust von oben auf die Trennstriche,
mit denen Menschen deine Welt durchziehen.
Du schüttelst den Kopf
über bewachte Grenzposten, Mauern und Zäune,
mit denen Länder sich abriegeln wie Festungen.
Du weinst über die Kategorien,
in die wir deine Schöpfung einteilen,
wenn wir Menschen unterschiedliche Würde
je nach Herkunft, sozialem Status oder Alter zusprechen.
Du wunderst dich über die Enge
in unseren Herzen und Köpfen,
du trauerst über die Möglichkeiten,
die wir damit verspielen,
über die Weite, die verloren geht.

Schrankenloser Gott,
dein Heil ist aller Welt verheißen,
dein Herz schlägt für den gesamten Kosmos.
Durchbrich unsere Grenzen
und vereine uns alle
in der Suche nach dir,
im Wagnis des Friedens,
im Streben nach Gerechtigkeit.

Hass

Barmerzig bist du,
Gott unserer Mütter und Väter,
voller Gnade und Wahrheit.
Du sehnst dich nach uns Menschen
und willst uns in das Licht deiner Liebe holen,
damit wir uns und unsere Mitmenschen sehen,
wie du uns siehst:
Als wertvolle, liebenswerte, wunderbare Geschöpfe.
Uns fällt das oft schwer.

Wir bitten dich,
nimm vom Angesicht deiner Menschenkinder weg,
was sie hässlich macht.
Nimm den Hass aus unseren Herzen
und den Zorn aus unserem Blick.
Wasche die Missgunst aus unseren Gedanken
und fülle sie mit deiner Güte.
Treib die Unfriedfertigkeit aus unserer Seele
und pflanze stattdessen die Sehnsucht nach Gerechtigkeit in uns.

Hoffnung

Großer und ewiger Gott,
Vater von uns allen in den Himmeln,
wir sehnen uns nach einer gerechten Welt,
nach einem Ende von Krieg und Gewalt,
nach Frieden, der den Namen verdient.

Du hast uns Hoffnung gemacht, großer Gott.
Wie die Jungfrau zum Kind kam diese Hoffnung zu uns.
Dir verdanken wir unsere Sehnsucht.
Du bist es, den wir suchen.

Komm zu uns.
Sende deinen Geist,
der die Brücke schlägt
von dir zu uns,
von uns zu dir
und zwischen uns Menschen,
die wir, zerrissen und getrennt voneinander,
einander zu Wölfen werden.

Kinder

Gott des Lebens,
mit jedem neuen Kind kommt neue Hoffnung in die Welt.
Mit jeder Geburt jubelt das Leben
und ruft einer todverfallenen Welt deine Treue in Erinnerung.

Wir danken dir für unser Kind,
es ist ein Geschenk,
es ist ein Wunder aus deiner Hand,
und es ist dein Auftrag an uns.

Wir wollen unsere Kinder lieben,
sie behüten,
ihnen den Weg ins Leben zeigen
und helfen, dass sie aufrechte und liebevolle Menschen werden.
Sie haben auch eine Seele,
die ein Recht hat, sich entfalten zu können.
Hilf uns, in ihnen die Sehnsucht nach dir zu wecken.

Schenke uns Geduld und Kraft,
lass uns die Balance finden, ganz für unsere Kinder da zu sein
und uns selbst dabei nicht zu vergessen.
Bewahre uns davor,
unsere Kinder nach unserem Bild zu gestalten,
sie zur Projektionsfläche unserer unerfüllten Träume,
Pläne und Sehnsüchte zu machen.

Kirche, Kirchengebäude

Gott, du suchst das Verlorene und bringst es heim.
Wir klagen dir die vielen Male, an denen wir Menschen verloren haben,
um die wir nicht genug gekämpft haben,
bei denen wir versäumt haben, genauer hinzuhören und zu verstehen.
Wir bitten dich auch für die blinden Flecke, die wir heute haben.
Die Menschen, die wir aus dem Blick verlieren,
nicht sehen, um die wir uns nicht kümmern.
Lass sie nicht allein, wo wir versagen,
und mach unsere Herzen weit,
unsere Augen offen,
unsere Ohren hellhörig.

Gott des Friedens,
wir klagen dir das, wovon wir auch nicht frei sind.
Streit, Konflikte und Zwietracht um Dinge, die es nicht wert sind.
Wir bringen die Menschen vor dich,
die uns im Streit verlassen haben,
wir lassen die Frage los, ob *sie* recht hatten oder *wir*,
und legen sie dir einfach ans Herz,
dass du ihre Wege begleitest und sie segnest.

Gott, du sorgst für uns wie für die Vögel am Himmel und die Lilien auf dem Feld.
Wir klagen dir die falschen Entscheidungen,
die wir aus Angst getroffen haben.
Weil es uns schwerfällt zu glauben, dass du für uns sorgst.
Weil es nicht einfach ist, uns einzugestehen,
dass letzten Endes alles in deiner Hand liegt.
Hilf uns, die Balance
zwischen Loslassen und Anpacken zu finden.
Und lass auch dort, wo wir falsch entscheiden,
aus deiner Gnade Gutes wachsen.

Seit Jahrzehnten steht sie mitten im Ort,
anderswo seit Jahrhunderten.
Menschen fanden Trost in ihr
und Orientierung für ihr Leben.
Sie hat Festen einen würdigen Raum gegeben,
ausgelassene Feiern des Lebens gesehen,
und war Zufluchtsort für Menschen in Not.

Wir danken dir für unsere Kirche.

Sie ist ein besonderes Gebäude:
eine Erinnerung an deine Gegenwart unter uns.
Eine Erinnerung, dass Menschen vor uns
dir zur Ehre und allen Mitmenschen zum Wohl
einen Raum schufen, der nur einen Sinn hat:
mitten im Leben einen Platz freizuhalten
zur Begegnung mit dir.

Es ist nur ein Haus
und steht doch für so viel mehr.
Für deine Verheißung und dein Gebot,
für unsere Träume und Wünsche,
für die Momente, in denen Frieden möglich ist
zwischen dir und uns und untereinander.

Hilf uns, dieses Haus zu erhalten,
und wenn es einmal seine Zeit gehabt haben sollte,
zieh du mit uns weiter an andere Orte.
Wir haben hier keine bleibende Stadt,
aber du bleibst.

Abschied von einem Kirchengebäude

Barmherziger Gott,
wir danken dir für unsere Kirche.
Wir haben in diesem Haus viel erlebt
und waren oft fröhlich zusammen.
Manchmal sind wir aber auch mit einem schweren Herzen hierher gekommen
und haben Trost gesucht bei dir und bei der Gemeinde.
Viele Erinnerungen werden heute noch einmal wach,
auch an die Menschen, die nicht mehr unter uns sind
und diesen Ort doch sehr geprägt haben.
Es bleiben viele Spuren in unserem Herzen von diesem Haus,
und wir bitten dich:
Tröste uns in der Trauer des Abschieds.
Und lass uns Heimat finden auch an dem neuen Ort.

Beim Gang durch eine Kirchenruine

Gott in Zeit und Ewigkeit,
hier haben früher einmal Menschen gefeiert.
Hier haben sie gestanden,
die Hände zu Schalen zusammengelegt,
hungrig nach deinem Brot und deiner Nähe.
Hier, wo jetzt ein schlanker Ahorn in die Höhe wächst.
Wo heute Vogelstimmen und Grillengezirpe
zwischen verwitterten Mauern widerhallen,
haben sie Psalmen und Hymnen gesungen.
In den fensterlosen Rahmen,
durch die Brombeerhecken ins Innere schauen,
haben bunte Glasbilder deine Geschichten erzählt.

Dies ist dein Haus gewesen –
und ist es vielleicht immer noch.

Der Zahn der Zeit nagt an unseren Kirchen.
Selbst wenn sie Jahrtausende überdauern,
sind auch sie nur Behausungen auf Zeit.
Zelte flüchtiger Begegnungen,
aufgeschlagen von einem Volk aus Wanderern.
Was wir bauen, verfällt.
Nur dein Wort bleibt in Ewigkeit.
Es sucht sich seine Nische
irgendwo in einer Ecke
unseres Vagabundenlebens,
in unserer fahrigen Welt.

Öffne meine Augen, Ohren und Herzen,
dass ich nicht dort vorbeigehe,
wo du Wohnung genommen hast.
Führe mich zu den Orten und Zeiten,
über denen du den Himmel aufreißt
und die Ewigkeit die Erde streift.

Körper

Herr Jesus Christus,
du hast Menschen berührt,
hast sie zärtlich in den Arm genommen,
bist vor keinem Körper zurückgeschreckt.
Wir legen dir die Menschen ans Herz,
die mit ihrem eigenen Körper nicht gut befreundet sind.
Die unter den Abweichungen von der Norm
oder den Spuren der Jahre leiden.
Und die Menschen,
die ihren Körper wissentlich oder unwillentlich zerstören:
Schütze sie vor sich selbst.

Wenn wir nackt vor dem Spiegel stehen
und an den Spuren unseres Lebens leiden,
öffne unsere Augen für die Geschichten,
die jede Narbe, jede Falte erzählt,
für die kleinen Details, die uns unverwechselbar machen.
Heile unseren Blick auf uns selbst,
durchdringe uns mit deiner Liebe.

Krankheit

Du Gott des Lebens,
ich habe mich daran gewöhnt,
dass mein Körper weitgehend reibungslos funktioniert.
Ich mache mir keine großen Gedanken,
nehme mit einiger Selbstverständlichkeit alles hin:
jeden Atemzug,
jeden Herzschlag.
Jetzt hat sich etwas verändert,
und mir wird schmerzlich bewusst:
Meine Gesundheit ist zerbrechliches Gut,
ich kann sie weder einklagen noch garantieren.
Und mir wird klar:
Das, was meinem Körper zusetzt,
geht mir auch an die Seele.

Gott, mein Arzt, mein Schutz und Schirm,
heile mich an Leib und Seele –
was immer das heißt,
wie immer du dir das für mich vorstellst.
Schenke mir Geduld mit mir selbst.
Bewahre mich davor,
mich nur noch über meine Krankheit wahrzunehmen –
ich bin doch mehr als ein Patient / eine Patientin,
mehr als die Summe meiner Symptome.

Gott der Hoffnung,
mir fehlt für vieles die Kraft.
Sei bei mir.
Stütze mich, wo mir die Knie weich werden.
Trage mich, wo mir die Kraft ausgeht.
Lass mich zu Ruhe und Frieden kommen
unter deinen bergenden Händen.

Kreativität

Schöpferischer Gott,
du hast uns nach deinem Ebenbild geschaffen.
Du hast uns einen Schaffensdrang mitgegeben,
der zur Tat drängt.
Du lässt uns zauberhafte Musik spielen,
wunderbare Bilder malen,
beeindruckende Bauwerke erschaffen,
Bücher schreiben, die Horizonte erweitern.
Lenke unsere Schaffenskraft in sinnvolle Bahnen.
Hilf uns dabei,
unsere Gaben in deinem Sinne zu gebrauchen.
Lass uns mehr kreative Energie für Gutes aufbringen,
als wir so oft für Zerstörerisches einsetzen.
Schütze die besonders Begabten vor Arroganz,
und die anderen vor Neid.
Hilf uns dabei,
uns gemeinsam an dem zu erfreuen,
was wir schaffen.
Und lass uns hinter all dem
deine Herrlichkeit entdecken.

Lebensmitte

Gott, du bist derselbe,
gestern, heute und in Ewigkeit.
Ich nicht.
Ich habe mich verändert im Laufe der Jahrzehnte.
Viel habe ich erreicht, auf vieles kann ich zurückblicken:
auf tragfähige und abgebrochene Beziehungen,
auf berufliche Erfolge und Misserfolge.
In dieser Zeit beginne ich, manches davon noch mal zu hinterfragen,
sehe Dinge anders als früher.
Lass mich versöhnt auf die Vergangenheit zurückblicken
und die Gegenwart aktiv angehen.

Mein Körper trägt die Spuren gelebten Lebens.
Manche Narben trage ich mit Stolz oder zumindest mit Fassung,
manche Problemzonen machen mir Mühe,
mit manchen Veränderungen kann ich mich schwer abfinden.
Du hast mich wunderbar gemacht.
Hilf mir, das zu erkennen, auch jetzt,
auch, wenn die ersten Haare grau werden
und manche Falten sich nicht mehr ausbügeln lassen.

Meine Seele ist gereift in den Jahrzehnten.
Ich nehme manches nicht mehr so schwer wie früher,
mit manchem habe ich mich arrangiert,
aber nicht mit allem.
Gib mir Gelassenheit mit mir selbst und anderen,
aber lass mich auch die Neugier auf Neues behalten.

Gott, meine Zeit steht in deinen Händen.
Ich weiß nicht, wie viel davon noch übrig ist.
Lehre mich bedenken, dass ich nicht ewig Zeit habe,
aber lass mich auch immer wieder erkennen:
Der Raum, auf den du meine Füße stellst, ist weit.

Liebe und Sexualität

Gott,
wir danken dir für die Liebe,
die wir bisher erfahren haben:
für die Menschen,
die uns als Kind zärtlich ins Leben begleitet haben,
die nachsichtig waren mit unserem Eigensinn
und die unsere Frechheiten vergeben haben.
Wir sind glücklich,
dass wir auch als Erwachsene
Zärtlichkeit, Nachsicht und Vergebung erfahren
und geliebt werden mit unseren Stärken und Schwächen.
Lass uns auch im Alter nicht ohne Menschen,
die für uns da sind
und Geduld mit uns haben,
bis unser Leben am Ziel ist bei dir,
für immer geborgen in deiner Liebe.

Gott, wir danken dir,
dass du uns wunderbar gemacht hast.
Du hast uns Leib und Seele gegeben,
unsere Sinne und unseren Verstand.
Du füllst unser Leben
mit einem großen Reichtum an Erfahrung.
Erhalte uns die Fähigkeit,
darüber zu staunen
und uns an unserem Geist
und an unserem Körper zu freuen.
Mach uns frei,
unsere Sinnlichkeit zu genießen
und auch unsere Sexualität
als gute Gabe von dir zu verstehen.
Vergib, wenn wir einander kränken
oder immer nur sehen,
was nicht so ist, wie wir es uns wünschen.
Löse uns aus den Fesseln
der leibfeindlichen Traditionen.
Gib, dass wir uns
als von dir gewollte und bejahte Menschen begreifen.

Medien

Mit starren Augen blicken wir wie gebannt auf den Bildschirm.
Mit einer Daumenbewegung wischen wir Gesichter, Geschichten, Schicksale weg.
Es wird uns zu viel.
Wir ertrinken im Strudel der Bilder.
Auf unsere Herzen wächst Hornhaut,
und wir versuchen, auszuweichen
und das auszublenden, was uns nicht passt.
Reiche uns deine Hand.
Lenke unseren Blick dorthin, wo du bist.
Am Boden.
Im Schmerz.
In Armut und Einsamkeit.
Unter deinesgleichen.
Hilf uns, die Welt ohne Filter zu ertragen,
das Leben ohne Kameralinse zwischen uns und ihm zu entdecken.

Liebender Gott,
es ist so leicht, hier einen Klick zu hinterlassen
und dort einen Kommentar zu schreiben.
Und dabei zu vergessen:
Hinter jedem Bild, hinter jeder Nachricht, hinter jedem Satz
steckt ein Mensch, dein Kind, das deine Züge trägt,
auch, wenn der blaue Schimmer der Monitore sie verzerrt.
Wir denken an Menschen, die nur Hass und Fake News ins Netz pumpen:
Lass ihre Rechner abstürzen.
Und hilf ihnen, ihre Energie und ihr Wissen zum Guten einzusetzen.
Reiß die Mauern der Echokammern um uns ein.
Und öffne unseren Blick für deine Gegenwart im Anderen,
wenn wir uns von Angesicht zu Angesicht gegenüberstehen.

Allumfassender Gott,
erfülle die analoge und die digitale Welt bis in den kleinsten Winkel
mit deiner Gegenwart, deiner Liebe, deiner Herrlichkeit.
Stärke diejenigen, die sich für Gerechtigkeit im Netz einsetzen,
die sein ungeheures Potenzial für gute Zwecke nutzen wollen.
Beschütze alle, die sich in die Weiten des digitalen Raums wagen,
vor Missbrauch, Mobbing und Betrug.
Inspiriere uns, deine Zeugen zu sein
in Chats und Foren,
in sozialen Medien,
im öffentlichen Diskurs
und im privaten Kontakt.

Gott,
du liebst Wahrheit und lässt dich nicht täuschen
über Unrecht und Gewalt:
Wir bitten dich für die Arbeit derer,
die unsere Medien gestalten:
Erhalte ihnen einen kritischen Geist
und einen wachen Blick für die Menschen,
die so leicht übersehen werden.

Wir bitten dich für uns selbst:
Hilf uns, die Fake News zu erkennen,
die Ängste schüren,
Sündenböcke erfinden
und allzu einfache Lösungen parat haben.

Wir bitten dich für alle Opfer von medialer Verleumdung,
von Mobbing und Hassmails:
Schaff ihnen Recht und wirksamen Beistand,
damit sie sich nicht brechen lassen.

Gott,
schütze die,
die Unrecht und Gewalt aufdecken,
und erhalte ihnen den Mut,
sich nicht zum Schweigen bringen zu lassen.
Lass Wahrheit und Gerechtigkeit unter uns wachsen.

Gott, wir danken dir für die Freiheit unserer Medien,
durch die wir erfahren,
was in der Welt geschieht.

Wir hören,
was die Gier nach Reichtum bewirkt,
wie Unrecht getarnt wird,
wie gelogen und betrogen wird.
Wir sind empört.
Aber wer ist selbst frei
von der Macht des Geldes?

Wir sehen Reportagen über Geflüchtete
in notdürftigen Lagern vor hohen Zäunen
und geschlossenen Grenzen.
Ihre Gesichter spiegeln Verzweiflung.
Manche sagen: Das ist beschämend für Europa.
Aber wer schämt sich? Und was für Folgen hat die Scham?

Gott, wir bekommen oft mehr zu wissen, als wir verkraften.
Wir leiden an unserer Ohnmacht
und sind voller Wut auf die da oben,
ohne zu prüfen,
wo wir gefragt sind.

Gott, bewahre uns davor,
selbstgerecht und zynisch zu werden
und uns aus unsrer Verantwortung zu stehlen.
Zeige uns,
wo du uns brauchst,
um deine Welt heilsam zu verändern.

Musik

Wunderschöner Gott,
danke, dass du die Musik geschaffen hast.
Eine Sprache, die ohne Worte auskommt.
In der wir ausdrücken,
worüber wir nicht sprechen,
aber auch nicht schweigen können.
In der du dich zu erkennen gibst,
wenn sie böse Geister zum Schweigen bringt
und sich wie Balsam auf die Seele legt.
Wenn sie Grenzen überwindet
und Menschen zusammenführt.
Wo aus unmündigen Kehlen
plärrend dem Siegeslied der Mächtigen widersprochen wird,
wo aufrichtig dein Lob gesungen wird,
da sind dir Musikstil und Geschmacksfragen egal,
da unterscheidest du nicht zwischen Profis und Amateuren.

Lass die Musik niemals verstummen.
Lass sie nicht zum Instrument der Herrschenden werden
und zu Opium für die Ohren.
Segne alle,
die Musik spielen, schaffen und hören.
Und inspiriere uns durch deine Wunder
zu immer neuen Liedern,
die deine Güte auf der ganzen Welt bekannt machen.

Mütter

Gnädiger Gott,
wir erinnern uns an unsere Mütter.
Wir sind dankbar für alle Liebe,
Geborgenheit und Ermutigung,
die sie uns geschenkt haben,
und bitten dich zugleich,
dass wir ihnen vergeben können,
was sie an uns falsch gemacht haben
oder uns schuldig geblieben sind.

Wir bitten dich,
lass keine Mutter bereuen müssen,
ein Kind zur Welt gebracht zu haben.
Stärke alle, die an die Grenzen ihrer Kraft kommen.
Schaffe Alleinerziehenden Unterstützung
Und bewahre die alt gewordenen Mütter
vor Einsamkeit und Enttäuschung durch ihre Kinder.

Gott,
wir bitten um Beistand
für alle, die ungewollt schwanger sind,
und um Trost für die,
die sich vergeblich nach einem Kind sehnen.
Bei dir sind wir aufgehoben
mit unseren unterschiedlichen Lebensgeschichten.
Auf dein mütterliches Erbarmen vertrauen wir.

Neid

Es ist ein scheußliches Gefühl,
großzügiger Gott.
Neid.
Was mir fehlt, wird riesig groß,
was ich habe, winzig klein.
Ich werde blind für den eigenen Reichtum,
will haben, was mir nicht gehört,
obwohl ich es nicht vermisste,
bevor ich es sah.

Der Neid frisst mich auf.
Ich fange an, anderen zu missgönnen,
was sie froh macht.
Ich werde lieblos, freudlos
und ungenießbar.
Ich gefalle mir selbst nicht mehr.

Hilf mir.
Ich möchte mich begnügen können,
mir genug sein lassen an dem,
was ich habe und bin,
und so Frieden finden.

Pandemien

Barmherziger Gott,
die Ausbreitung des Virus macht uns Angst.
Mit einem Mal verstehen wir,
wie gefährdet unser Leben ist,
wie zerbrechlich unsere Sicherheit.

Wir bitten dich:
Nimm der Angst ihre zerstörerische Macht.
Vertreibe sie aus unseren Herzen und Köpfen.
Hilf uns, ruhig und besonnen zu handeln,
bewahre uns vor Panik und Verzweiflung.

Wir legen dir die Menschen ans Herz,
die erkrankt sind: Heile und stärke sie.
Und die, die in Quarantäne leben müssen:
Lass sie nicht in Einsamkeit ertrinken.
Und die Gesunden:
Schütze sie vor dem Virus und seinen Folgen.

Wir denken an die Menschen, die im Gesundheitssystem arbeiten,
die Pflegerinnen und Pfleger,
Ärztinnen und Ärzte.
Viele von ihnen arbeiten schon lange an der Grenze ihrer Kräfte.
Schenke ihnen Kraft.
Gib den Forscherinnen und Forschern
Durchhaltevermögen und Klarsicht bei ihrer Suche nach einem
Heilmittel.

Erbarme dich, Gott, über deine ganze Erde.

Ewiger Gott,
wir sind erschrocken über das, was in diesen Tagen passiert.
Wir stehen staunend vor leeren Regalen im Supermarkt,
wir halten den Atem an und Kerzen bereit,
weil wir ahnen, dass jederzeit wieder etwas Schlimmes passieren kann
und dass wir wieder keine andere Antwort wissen werden als
Mahnwachen und Kerzenaufstellen.
Wir spüren die Angst und sind erschrocken darüber, wie schnell sie uns in ihre Gewalt kriegt.
Wir spüren das Gift, das unsere Gesellschaft durchseucht,
Rassismus und Hass,
Gleichgültigkeit und Resignation.
Wir spüren die Widerstände dagegen bröckeln,
wir sehen das Vertrauen in die Politik schwinden,
Institutionen überfordert
und kulturelle Fortschritte gefährdet.
Gott, mit diesen Eindrücken kommen wir zu dir.
Wir haben keine andere Zuflucht als dein unergründliches Erbarmen.
Wir nehmen unsere Ängste und Fragen, unsere Zweifel und unsere Wut
und werfen sie dir vor die Füße.
Wir flüstern, schreien, flehen zu dir, für uns und diese ganze Welt:
Herr, erbarme dich!

Barmherziger Gott,
von Deiner Treue leben wir jeden Tag,
Deine Gnade hat kein Ende,
Deine Verheißungen stehen über Deiner Schöpfung,
bis Du sie erfüllst in Herrlichkeit.
Daran wollen wir uns halten,
großer Gott.

Wir erinnern uns an die wunderbaren Zeichen Deiner Güte,
die unseren Alltag durchziehen.
Manches, was wir nun so vermissen
und vor einigen Wochen noch
wie selbstverständlich »mitgenommen« haben,
leuchtet uns auf als geschenkter Segen:
eine Umarmung,
ein flüchtig ins Ohr geflüstertes Wort,
ein unkompliziertes Treffen im Café.

Wir loben Dich und danken Dir
und vergessen nicht,
was Du uns Gutes getan hast
bis zu diesem Tag.

Gelobt seist du, unser Gott,
Schöpfer des Himmels und der Erde,
Quelle allen Lebens.

Wir machen uns so viele Sorgen,
wir wissen nicht, was wir tun und was wir lassen sollen.
Manche haben Angst um ihre Gesundheit und ihr Leben,
andere um ihre berufliche und finanzielle Zukunft,
wieder andere haben Angst,
was all die Angst mit unserer Gesellschaft
und unserem Zusammenleben anstellen wird.

Unsere Politiker stehen vor Entscheidungen,
für die es keine gelungenen Beispiele gibt,
an denen man sich orientieren kann.
Wir beten um Weisheit für sie,
um Vergebung für ihr Fehlen,
um Segen auf ihrem Tun.
Auf dein gütiges und gerechtes Wirken hoffen wir.
Mach uns zu deinen Werkzeugen.

Wir vermissen die Nähe,
die wir einander bis vor Kurzem schenken konnten.
Wie wunderbar waren die Umarmungen,
ein Mut machender Händedruck,
ein gemeinsam gesungenes Lied gegen die Angst.

Schenk uns Ausdauer und Kraft,
mit ungestillter Sehnsucht zu leben,
sie nicht sterben zu lassen
und nicht durch wertlose Dinge zu betäuben.

In der zweiten Welle

Gott, unsere Zuflucht,
wir suchen bei dir Trost und Stärkung
in dieser beängstigenden Zeit.

Als die Pandemie über uns kam,
wussten wir nicht, wie uns geschah,
mussten uns an Regeln gewöhnen,
die wir nie für möglich gehalten hatten,
und hofften, es ginge alles bald vorbei.
Aber jetzt ist sie gekommen,
die befürchtete zweite Welle,
schwemmt wieder viele Pläne weg
und verbreitet neue Angst und Ungeduld.

Gott, es ist schwer, sich daran zu gewöhnen,
dass unser Leben so lange von Corona bestimmt ist.
Wir vermissen schon so lange unsere Unbefangenheit,
die körperliche Nähe zu anderen Menschen,
alles, was uns früher so selbstverständlich schien.
Bei manchen von uns liegen die Nerven blank,
der Umgangston wird rauer,
das Misstrauen wächst.

Wir bitten dich, Gott:
Steh uns bei.
Wir wollen uns nicht unterkriegen lassen von Corona,
uns nicht den Blick vernebeln lassen für das Gute,
das wir immer noch erleben,
wollen nicht blind sein für das Leid vieler anderer Menschen,
das oft viel größer ist als unseres,
wollen nicht schweigend hinnehmen,
dass die Zerstörung der Schöpfung immer weiter geht.

Gott, du kannst alles wenden.
Wir bitten dich,
befrei die Welt von den Schrecken der Pandemie
und stärke unseren Zusammenhalt
über alle Grenzen hinweg,
damit aus den beklemmenden Erfahrungen
Gutes wachsen kann.

Politik

Gott, Wunderrat, Ewigvater, Friedefürst,
du berufst Menschen dazu,
sich mit ihrer Zeit, ihrer Energie und ihrem Können
für die Gesellschaft einzusetzen.
Wir nehmen unsere Politikerinnen und Politiker ins Gebet.

Diejenigen, die neu in ihre Ämter gewählt sind,
die sich mit frischer Energie
für Recht und Gerechtigkeit einsetzen:
Erhalte ihnen ihren Tatendrang.
Gib ihnen auch ein dickes Fell.
Und lass sie gnädig mit sich selbst
und ihren eigenen Grenzen umgehen.

Diejenigen, die wegen ihres Engagements verfolgt werden,
die Hassmails und handfeste Drohungen bekommen,
die Angst um Leib, Leben und Familie haben müssen
und Personenschutz brauchen:
Halte deine starke Hand über sie,
Tag und Nacht.

Diejenigen, die gefährdet sind.
Die drohen, den Einflüsterungen aus bösen Ecken
und den Versuchungen der Macht zu erliegen:
Gib ihnen einen festen Stand und ein unbestechliches Herz.
Gib ihnen Kraft, Nein zu sagen
und Unrecht zu nennen, was Unrecht ist.
Lass nicht zu,
dass Einzelne durch ihre Fehler
das Vertrauen der Menschen in die Politik nachhaltig beschädigen.

Gott, Wunderrat, Ewigvater, Friedefürst,
über unsere Politikerinnen und Politiker,
über unsere Stadt und unser Land,
über uns und diese ganze Welt:
Erbarme dich.

Rassismus

Gnädiger Gott,
vor dir sind alle Menschen gleich wichtig,
du grenzt niemanden aus,
jeder Mensch ist dein Ebenbild.

Wir bringen heute vor dich
unsere Sorge angesichts der Verrohung unserer Gesellschaft
und rechter Gewalt.
Es wird so viel Hass verbreitet,
so viel Lüge,
so viel Angst.
Das Vertrauen in die Politik wird untergraben,
und das Misstrauen untereinander wächst.
Gott, wir wollen das nicht!
Zeig uns Wege aus dieser vergifteten Atmosphäre,
ehe sie unser Land noch tiefer spaltet,
ehe aus bösen Worten noch mehr böse Taten entstehen.

Wir bitten dich für alle,
die Zielscheibe von Hassreden werden,
verleumdet und beleidigt,
eingeschüchtert und bedroht,
nur weil sie anders aussehen, anders glauben, anders lieben.
Lass sie starken Beistand finden
auch unter uns.

Wir bitten dich für alle,
die in Politik und Öffentlichkeit
für das Recht der Schwachen aufstehen,
die Lügen entlarven
und gegen Unmenschlichkeit protestieren
mit Wort und mit Tat:

Bewahre ihnen ihre Empfindsamkeit,
ihren kritischen Geist,
ihre aufrechte Haltung,
und reihe uns bei ihnen ein.

Gott, schütze uns vor Resignation.
Erfülle uns mit deinem heiligen und heilenden Geist,
dem Geist der Kraft, der Liebe und der Besonnenheit.

I can't breathe – ich kann nicht atmen!
Das waren die letzten Worte des Schwarzen George Floyd,
brutal erstickt durch Polizeigewalt.

Gott,
nicht frei atmen können,
nie sicher sein vor Schikanen,
vor verächtlichen Blicken,
vor bösen Sprüchen,
vor Gewalt:
So erleben viele,
die nicht weiß sind,
täglich Rassismus,
auch hier bei uns.

I can't breathe,
ich kann nicht atmen!
Die letzten Worte von George Floyd
sind zum Weckruf geworden,
aufzustehen,
gegen die Hetze,
gegen die Angst,
gegen das Schweigen zu Rassismus,
der so viele Menschenleben zerstört.

Gott, dein heiliger Geist
schafft Atem und Leben,
er tröstet,
er eint zum Widerstand gegen Rassismus,
macht Veränderung möglich!
Gott, erfülle uns mit deinem Geist!

Scham

Barmherziger Gott,
manchmal ertragen wir es kaum,
unser eigenes Spiegelbild zu betrachten,
uns selbst in die Augen zu schauen.
Du kennst die Vorwürfe, die wir uns machen.
Du kennst die Scham über Dinge,
die wir getan oder gelassen haben oder die uns angetan worden sind.
Wie eine schwere Last liegt sie auf unseren Schultern,
zieht uns herunter.
Wie eine hässliche Narbe verunstaltet sie unser Selbstbild,
wie ein eiserner Ring legt sie sich um unsere Brust
und macht das Atmen schwer.
Es fällt uns schwer, uns als das zu erkennen, was wir sind:
deine geliebten Kinder, nach deinem Ebenbild geschaffen.
Gott, dein Sohn Jesus Christus hat gesagt:
Alle sollen kommen, die mühselig und beladen sind.
Hier sind wir.
Müde vom Kämpfen,
beschwert von Scham,
belastet von einem schiefen Blick, der nur das Schlechte an uns erkennt.
Befreie uns davon.
In deinen Augen müssen wir nichts mehr tun,
um gut dazustehen.
Richte uns auf.
Hilf uns aufzuatmen.
Herr, erbarme dich.

Gott,
es gibt Dinge in meinem Leben,
über die ich nicht reden will,
weil ich mich schäme.
Ich fürchte die verächtlichen Blicke,
das hämische Lachen,
das Kopfschütteln der anderen.
Deshalb verberge ich meine Schwäche,
deshalb halte ich meine Ängste geheim.
Ich setze die Maske der Unverletzlichkeit auf
und bleibe allein mit meiner Scham.

Gott, du durchschaust mich
und wendest dich nicht ab von mir.
Du gibst mir Raum, anzunehmen,
was zu mir gehört.
Du machst mir Mut,
mich anderen zu zeigen:
verletzlich, mit Fehlern,
bedürftig nach Schutz, nach Verständnis.

Ich danke dir, Gott,
dass du mich aushältst,
so, wie ich bin,
und bitte dich:
Verlass mich nicht.

Schönheit

Gott, mein Schöpfer,
ich danke dir, dass du mich wunderbar gemacht hast.
Nicht immer kann ich das erkennen.
Den Schönheitsnormen unserer Gesellschaft entspreche ich nicht.
Die Werbung redet mir ständig ein,
was alles an mir repariert werden muss.
Und wenn ich mich im Spiegel betrachte,
sehe ich tatsächlich oft nur meine Macken.

Gott, du hast jedem deiner Geschöpfe Schönheit verliehen,
die nicht genormt ist, sondern lebendig.
Öffne meinen Blick für sie
in dem Gesicht eines jeden Menschen,
dem ich begegne.
Lass mich erkennen,
wie einzigartig jeder Mensch ist,
geprägt von den Spuren seines Lebens.
Mach mich fähig,
wertzuschätzen, was ich sehe,
und mich zu freuen,
dass du uns alle wunderbar gemacht hast.

Segen

Barmherziger Gott,
segne uns und behüte uns.
In der Dunkelheit der Welt sei uns ein Licht,
das uns den rechten Weg zeigt.
In der Einsamkeit sei uns ein Gesicht,
das uns anlächelt.
In der Angst sei uns ein Versteck,
in dem wir uns bergen können.
Und in der Stunde unseres Sterbens sei uns gnädig
und halte deine Hand unter uns.

Selbstvertrauen

Gnädiger und barmherziger Gott,
meine treue Mutter im Himmel.

Du kennst mich durch und durch.
Vor dir kann ich nichts verbergen,
und ich brauche es auch nicht,
weil du mich mit den Augen der Liebe anschaust.

Stark würde ich gerne sein,
aufrecht stehen
und mutig die Herausforderungen angehen,
die sich mir stellen.
Aber ich kann es nicht mehr.
Ich habe das Vertrauen in mich selbst verloren.
fühle mich manchmal wertlos
und vergessen.
Mein Glaube ist oft nur noch ein Hauch.
Meine Seele ist verletzt.

Du kannst Wunden heilen,
sagt die Bibel.
Ich wünschte es mir so sehr,
wirklich heil zu werden.
Dass aus den vielen Bruchstücken meines Lebens
ein Ganzes wird, dessen Sinn ich verstehe.
Guter Gott, schenk mir Heilung!

Sterben, Tod, Trauer

Mir schnürt sich die Kehle zu.
Alles in mir verkrampft sich.
Ich will weinen, aber kann es nicht
und da ist ein Druck in mir,
der einfach nur wehtut.

Gott,
von den Alten habe ich gehört, dass du trösten kannst.
Ich bin trostlos, untröstlich
und weiß nicht einmal, ob ich Trost jetzt gerade will.
Vertröstet werden will ich jedenfalls nicht.
Niemand soll mir sagen, dass das vorbeigeht mit dem Schmerz,
dass die Zeit alle Wunden heilt,
dass ich später einmal verstehen werde
oder was man immer an klugen Dingen sagen kann.
Das alles mag wahr sein,
aber ich kann es nicht hören und will es nicht.
Ich will klagen und irgendwo den Druck loswerden,
der mich schier zerreißt.

Der Tod darf nicht das Ende sein.
Er macht doch alles kaputt,
reißt nur auseinander, führt nichts zusammen,
schafft nichts Neues.

Das Ende soll ein anderes sein –
hast du das nicht versprochen?
Leben will ich am Ende,
Liebe soll aufleben am Ende.

Bitte lass mich nicht allein.
Niemals. Auch nicht am Ende.

Alles Leben ist wie Gras
und wie eine Blume auf dem Feld.
Vergänglich.
Demütig macht mich das, lebendiger Gott.
Meine Lebenszeit ist nur ein Wimpernschlag der Geschichte.
Und doch bist du so achtsam,
dass du sie nicht verpasst.

Es macht mich traurig zu wissen, dass alle Menschen sterben,
auch die, die ich lieb habe,
auch ich.

Manchmal tröstet es mich auch,
dass das Leben hier nicht ewig ist.
Alles hat seine Zeit.
Auch die Kraft meines Körpers und meines Geistes
hat ihre Grenze,
und wenn sie erreicht ist,
wird das Leben schwer.
Alles hat seine Zeit.
Auch zu gehen hat seine Zeit.

Ich will glauben, dass es ein »Heimgehen« ist,
gnädiger Gott.
Zu dir möchte ich gehen
und alle, die ich loslassen musste,
möchte ich bei dir glauben.

So kann sterblich zu sein den Schrecken verlieren.
Es gehört zu mir und bringt mich zu dir.

Sternenkinder

Gott,
wir sind hier zusammen
mitten im Advent,
aber wir können uns nicht ungetrübt
auf Weihnachten freuen.
Es leuchten Kerzen,
aber hier nicht zur Zierde,
sondern als ein Licht der Hoffnung
im tiefen Dunkel der Trauer.
Und die Sterne in diesem Raum,
sie erinnern uns an die Kinder, die fehlen,
an jedem Tag,
und ganz besonders an diesem Sonntag im Advent.

Manche der Kinder, die heute fehlen,
haben nie den Zauber des Advent gekannt,
haben nie ungeduldig Weihnachten erwartet.
Sie sind nicht lebend zur Welt gekommen,
aber geborgen im Mutterleib
haben sie erfahren,
was es heißt,
erwünscht, erwartet und von Anfang an geliebt zu sein.

Mit allen Kindern, um die wir trauern,
haben wir die Welt neu entdeckt,
und gerade auch den Advent genossen.
Aber während bald wieder viele Menschen
das Kind in der Krippe besingen werden,
spüren wir nur umso schmerzlicher
den Verlust der Kinder,
die in unserer Mitte fehlen.

Ja, Gott,
jedes Kind, das heute fehlt,
weckt unsere Trauer neu.
Aber alle Kinder haben unauslöschliche Spuren hinterlassen,
Spuren der glücklichen Momente,
die viel zu schnell vorüber waren.
Spuren der Liebe und der Sehnsucht,
die niemals verlöschen.

Streit

Wir haben uns gestritten, Gott.
Im Streit vergisst man sich oft,
sagt Dinge, die man gar nicht sagen wollte,
und kann die Worte nicht zurückholen.
Wie ein Pfeil schießen sie los,
und ich kann sie nicht mehr einfangen.

Es tut mir leid.
Nicht, dass wir unterschiedlicher Meinung waren,
nicht dass wir das offen ausgesprochen haben,
sondern dass wir nicht die richtigen Worte gefunden haben,
um einander wirklich zu verstehen.

Wenn mir jemand egal ist,
streite ich nicht.
Wenn mir etwas nicht wichtig ist,
sehe ich gelassen darüber hinweg.
Aber wenn ich um die Wahrheit ringe,
wenn ich spüre, dass etwas schiefläuft,
dann muss ich das doch sagen.

Bitte hilf mir doch, die richtigen Worte zu finden.
Hilf mir, um Entschuldigung zu bitten,
wenn ich im Streit verletzend war.
Und gib mir die Kraft zu vergeben,
wo ich verletzt worden bin.

Terror

Gerechter Gott,
die Nachricht von islamistischem Terror
entsetzt uns und macht uns wütend.
Wir stehen in Gefahr, uns hinreißen zu lassen
und alle Muslime unter Verdacht zu stellen,
und zu meinen,
sie gehörten nicht hierher.
Gott, bewahre uns einen kühlen Verstand,
damit wir keine pauschalen Urteile fällen
und nicht vergessen,
dass die meisten Muslime
in Frieden mit uns zusammenleben wollen.
Bewege uns dazu,
auf sie zuzugehen
und uns mit ihnen zu verbünden
gegen den Hass im Namen der Religion
und gegen die Gewalt,
die Menschenleben zerstört.
Du, unser Gott, bist ein Gott des Friedens;
so sehen dich auch viele Muslime.
Eine uns in der Liebe zu dir
und im Respekt füreinander.

Trennung

Treuer Gott,
deine Liebe hört niemals auf!
Das haben wir uns auch für die unsere gewünscht.
Es ist anders gekommen.
Wir haben alle unseren Anteil daran,
auch wenn wir es nicht gewollt haben.
Wir haben einander verletzt,
haben uns aus den Augen verloren.
Und das Band, das uns verbunden hielt, zerriss.

Wir können dir das nur klagen.
Wir können es einander nur gestehen
und bitten dich
und wir bitten einander um Vergebung.

Unsere Trauer über das, was nicht gelungen ist,
speist sich aber auch aus Dankbarkeit
für die gemeinsame Zeit.
Es war nicht alles schlecht,
es war nicht gelogen,
und ein Stück unseres Lebens
waren wir einander ein Segen.
Dafür danken wir dir!

Manchmal kann nur eine Trennung
neues Leben freisetzen.
So ehrlich, wie wir einander unsere Liebe bekannt haben,
so ehrlich wollen wir einander nun Gutes wünschen.
Heile du die Wunden, die wir einander geschlagen haben,
und hilf uns, miteinander barmherzig und gütig zu sein.

Viele Hoffnungen sind zerbrochen.
Aber wir sehnen uns danach,
neu hoffen,
neu lieben,
neu vertrauen zu können.
Hilf uns dabei!

Begleite unsere Wege, auch wenn sie sich trennen.
Und halte uns in deinem Schutz.

Umzug

Gott der Wege und Aufbrüche,
die Kisten sind gepackt,
mein ganzes Leben ist in Umzugskartons verstaut.
Ich wandere durch leere Zimmer,
die eine Zeit lang mein Zuhause gewesen sind.
Was habe ich hier erlebt?
Was haben diese vier Wände alles gesehen und gehört?
Ich lege es in deine Hand zurück.

Sei von Anfang an im neuen Zuhause mit dabei.
Lass es ein gastfreundliches Haus sein
und einen Rückzugsort in stürmischen Zeiten.
Segne, was in diesen vier Wänden besprochen,
gefeiert und betrauert wird.
Segne Lachen und Weinen, Reden und Schweigen.

Gott der Wege und Aufbrüche,
tief im Innern weiß ich:
Auch diese Wohnung wird ein Zuhause auf Zeit sein.
Ich weiß nicht, für wie lange.
Hilf mir, diese Ungewissheit auszuhalten
und die Zeit zwischen Einzug und Auszug sinnvoll zu gestalten.
Wir haben hier keine bleibende Stadt,
aber wir haben dich.

Urlaub

Unser Gott,
du hast unserem Leben einen Rhythmus gegeben:
Es soll nicht nur lauter Arbeit sein.
Auch die Ruhe hast du geboten,
Zeit, zur Besinnung zu kommen,
neue Kräfte zu sammeln,
das Leben zu genießen.
In den Ferien werden manche von uns verreisen,
Neues entdecken oder bekannte Orte aufsuchen.
Bewahre uns davor, zu viel zu erwarten
und enttäuscht zu werden.
Lass uns gut auskommen miteinander
und mit allen, denen wir begegnen.
Öffne uns den Blick für die Schönheit deiner Schöpfung
und den Reichtum der Kulturen.
Erfülle uns mit Dankbarkeit für deine Güte
und lass uns erfrischt und fröhlich heimkommen.

Verfolgte Christ*innen

Gnädiger Gott,
in vielen Ländern unserer Erde
werden Menschen,
die sich zu deinem Sohn bekennen,
bedroht, schikaniert, willkürlich verhaftet.
Manche müssen für ihren Glauben
mit dem Leben bezahlen.
Stärke sie in ihrer Angst.
Tröste sie in ihrem Schmerz
und erhalte ihnen ihr Beharrungsvermögen,
ihren Mut, ihre Hoffnung auf dich.
Auf deine Treue können sie sich verlassen.
Schaffe ihnen auch menschlichen Beistand.
Öffne unser Herz für ihre Leiden
Zeig uns, wie wir sie unterstützen können,
und was nicht in unserer Hand liegt,
das bewirke du:
Beende den Hass,
ruf die Verfolger von ihren bösen Vorhaben zurück
und mach Versöhnung möglich,
wo Feindschaft herrscht.

Verbunden in deinem heiligen, heilenden Geist
klammern wir uns mit Christen auf der ganzen Erde
an deine Verheißung,
dass du Gerechtigkeit schaffen wirst
und Frieden einkehrt
unter allen Menschen.

Vergessene Menschen

Du, Gott, bist ein Gott, der sieht,
auch das, was unseren Augen verborgen bleibt
und kaum Interesse findet in unseren Medien:
Du siehst das Leid und die Tapferkeit
Deiner Söhne und Töchter in Afrika.

Du blendest den Terror nicht aus,
der in Nigeria, Somalia und im Sudan täglich Opfer fordert,
übersiehst nicht das Leid geschändeter Frauen und Kinder,
deren Leben zerstört wird im Osten Kongos
und auf den langen Flüchtlingswegen.
Aber du siehst auch die,
die ihr Leben riskieren
für Versöhnung.
Öffne uns für deinen Blick!

Du, Gott, bist ein Gott, der hört,
auch das, was wir nicht hören
und was schnell aus unseren Nachrichten fällt:
die verzweifelten Botschaften derer,
die mit Ebola kämpfen müssen,
die Klagen der Opfer von Korruption,
die stumme Verzweiflung derer,
die immer die Verlierer bleiben
in den Slums der Metropolen.
Aber du hörst auch die mutigen Proteste derer,
die Recht fordern für die Schwachen.
Wecke uns auf aus unserer Taubheit!

Du, Gott, bist ein Gott, der nicht vergisst,
was wir vergessen,
und was so schnell überlagert wird
von neuem Unglück:
das Trauma der Apartheid,
die tiefen Wunden, die die an sich tragen,
die Massenmorde überlebt haben
in Ruanda, im Darfur, in Zentralafrika.
Und du bleibst an der Seite derer,
die ihr Leben einsetzen,
um Heilung zu bringen.
Stell uns dazu!

Gott, du liebst deine Söhne und Töchter in Afrika
und sie lieben dich!
Steck uns an mit dieser Liebe.

Vielfalt (LGBTQI)

Lebendiger, liebender, schillernder Gott,
du befreist uns von Verkrustungen und Ketten.
Wir klagen dir die Schuld, die die Kirche auf sich geladen hat,
die Fehler, die Gemeinden immer noch machen,
wenn sie die Gottesgabe körperlicher Liebe verteufeln,
wenn sie Menschen ins Abseits stellen,
deren Liebe nicht der Norm entspricht.
Deine Schöpfung ist ohne Schönheitsfehler,
was du gemacht hast, ist sehr gut.
Du denkst nicht in Schwarz-Weiß, sondern in Regenbogenbunt.
Du guckst nicht auf Geschlecht, Status und Herkunft.
Bei dir ist Platz für Hetero-, Homo- und Bisexuelle,
für Trans- und Interpersonen
und für all diejenigen deiner Kinder,
die noch kein Etikett haben und keins brauchen.

Stärke die Menschen,
deren Lebensentwürfe und Identitäten nicht in die engen Raster passen,
mit denen wir deine Schöpfung zähmen wollen.
Heile die Verletzungen, die andere ihnen zufügen.
Lass sie Menschen begegnen, die ihnen Vorbild sind,
die ihnen die Hände auflegen und sie segnen,
die sie leben und lieben lassen.
Stärke die Familien, die aus dem Rahmen fallen
und denen deswegen Steine in den Weg gelegt werden,
von Nachbarn, Verwandten und Behörden.
Hilf uns verstehen,
dass deine Welt bunter ist als all die Bilder, die wir uns davon machen.
Stütze und tröste die Menschen, die das verwirrt,
und bewahre sie davor, ihre Verwirrung in Wut und Hass umzuleiten.

Öffne die Herzen und Türen deiner Kirche für alle Menschen.
Egal, wen und wie sie lieben.
Lass sie Gemeinschaft, Vergebung, Orientierung erfahren.

Wortwelten

Du, unser Gott,
hast die Welt geschaffen durch dein Wort,
hast uns gesagt, was gut ist,
was dem Leben dient.

Auch wir schaffen Welten mit unseren Worten,
bringen Menschen zum Blühen
durch unser Lob,
vertreiben Ängste
durch unseren Zuspruch,
wecken Hoffnung
durch Worte von Ermutigung.
An dem, was wir sagen,
hängt sehr viel.

Unsere Zunge hat auch die Macht,
Welten zu zerstören,
Menschen zu kränken
durch böse Worte,
ihren Ruf zu schänden
durch üble Nachrede,
ihnen die Freude am Leben zu nehmen
durch Demütigung und Ausgrenzung.

Gott,
lehre uns, unsere Zunge zu hüten,
und mit unserem Reden
an einer Welt zu bauen,
die deinem Willen entspricht.

Wut

Gott,
wenn andere mich kränken,
wenn es nicht so läuft, wie ich es gern hätte,
oder wenn ich gestresst bin,
werde ich manchmal maßlos wütend:
Mein Blutdruck steigt,
mein Blick verengt sich,
meine Urteile werden ungerecht.
Gott, ich brauche Engel,
die mich dann stoppen,
die mich beruhigen
und mich nüchtern werden lassen.
Schick sie mir,
damit meine Wut andere nicht beschädigt
und meine eigene Seele vergiftet.
Halt mich aus, Gott,
hab Geduld mit mir
und überlass mich nicht mir selbst!

Darf ich wütend sein, Gott?
Es ist ein so starkes Gefühl.
Ich könnte platzen.
Da ist so viel Energie.
Ich bin wütend
über das Unrecht, das mir widerfährt,
über die Gleichgültigkeit, die ich erlebe,
über die Machtlosigkeit, die mich lähmt.

Wohin soll ich mit all der Wut?
Ich will sie nicht an anderen auslassen,
ich weiß ja oft nicht einmal, an wem.
Ich will auch nicht, dass sie mich zerstört.
Ich muss sie aber loswerden.
Ich bringe sie vor dich.

Behüte mich davor, blindwütig zu werden.
Wandle meine Wut in Tatkraft,
die Gutes bewirkt.

Ich erschrecke mich vor mir selbst,
guter Gott.
Menschen, die Schlechtes tun,
rufen Schlechtes in mir hervor.
Ich kann nichts dagegen machen.
Ich bitte dich aber
um Besonnenheit, die mich und andere schützt.

Mich macht die Dummheit so wütend,
die behauptet, es gäbe Menschen erster und zweiter Klasse.
Ich bin zornig über die Lügen,
die verbreitet werden von höchsten Stellen.
Es macht mich sprachlos, wenn ich sehe,
wie Feindbilder immer wieder funktionieren,
Sündenböcke gesucht und gefunden werden
und Menschen massenhaft den Rattenfängern nachlaufen.

Wie gefangen sind wir
und finden keine Wege mehr zueinander.
Ich flehe dich an:
Mach uns frei.
Erlöse uns von dem Bösen.

JOCHEN DENKER

Gedanken und Anregungen zum Gebet

Theologische Splitter

1. Das »Oberlicht«

Das Gebet ist der Ort, an dem Christenmenschen sich bewusst werden, dass sie ihr Leben nicht abgekapselt, einsam, in Dunkelheit und ohne Hoffnung leben, sondern dass Gott den Himmel aufgetan hat. Es gibt ein »Oberlicht«, das in unsere Welt ein Licht wirft. *Von Gott her* kommt dieses Licht, und im Gebet wenden Christenmenschen sich *zu Gott hin*.

Im Gebet werden Christenmenschen sich bewusst, dass das Leben in der je eigenen Zeit und Welt nicht einem Gefängnis – oder vielleicht auch einem wunderschönen goldenen Käfig – gleicht, sondern im Angesicht Gottes geführt wird. Wir sind nicht nur unter uns. Nicht nur unter Freunden, nicht nur unter »Feinden«, nicht allein mit unseren mutigen Anfängen und bitteren Abbrüchen, mit Not, Elend, Freude und Glück. Das Leben dreht sich nicht schlicht, mal hoffnungsfroh, mal hoffnungslos, um sich selbst.

Um das wirksam wahrzunehmen, bedarf es aber immer wieder der bewussten *Abwendung* von allem eigenen Tun und Lassen, von den eigenen Sorgen und begeisterten Anstrengungen, *hin* zu dem, der Licht und frische Luft in unser Leben bringt, das ständig droht, ein hermetisch abgeschlossener Raum zu werden.

Diese *Hinwendung* zu Gott, der Quelle des Lebens, dem Licht, dem alles Licht sein Leuchten verdankt, ist das Gebet. Im Gebet wendet sich der Mensch zu Gott, unserem Vater und unserer Mutter im Himmel, zu unserer Heilerin, unserem Befreier, unserem Herrn und dem aufrichtenden Richter allen Lebens. Von ihm und zu ihm hin ist alles, was lebt.

2. Das Gebet antwortet einem »Du«

Das Gebet hat einen *Adressaten.* Es ist kein Selbstgespräch, sondern hat ein konkretes, lebendiges, selbst redendes Gegenüber.

Das Gebet ist die *Antwort* des Menschen auf das Wirken Gottes in Wort und Tat. Als Angeredeter antwortet der Mensch. Im Gebet wendet sich der Mensch einem »Du« zu, das schon mit ihm in Beziehung getreten ist und darauf wartet, dass auch der Mensch diese Beziehung seinerseits mit Leben füllt.

Im Gebet sucht der Mensch, den Willen Gottes und seinen eigenen, die Verheißungen und Gebote Gottes und sein eigenes erlebtes und gelebtes Leben in »Einklang« zu bringen. Wie ein gelingendes Gespräch nach Verständnis und Verständigung sucht, wie es nicht von gegenseitigem Verdacht, sondern von dem Wunsch nach Einvernehmen geprägt sein soll, so soll es auch im Gebet sein. Die, die miteinander reden, müssen und dürfen ehrlich sein, nichts verschweigen – im Vertrauen auf die grundsätzliche und gegenseitige Sehnsucht, zueinander zu kommen und beieinander zu bleiben.

3. Der Adressat des Gebetes ist kein Fremder

Das Gebet der Christenmenschen richtet sich nicht an einen unbekannten Fremden. Es richtet sich an den »Ich-bin-da«-Gott, der sich in der Geschichte Israels und in der Gegenwart Jesu Christi offenbart hat. Groß und unerforschlich ist er, unbegreiflich und geheimnisvoll, frei in seinem Willen und Wirken – aber eben nicht willkürlich oder launisch, so dass er unser Misstrauen verdient hätte. In Christus leuchtet sein Licht allen Menschen. Die Kreuze dieser Welt und des eigenen Lebens erscheinen im Osterlicht des auferstandenen Gekreuzigten. Auf seine Einladung und Erlaubnis hin rufen wir Gott an als »Vater« und »Mutter« von uns allen im Himmel. *»Wird ein Vater seinen Kindern Steine geben, wenn sie ihn um Brot bitten?«* (Matth. 7,9).

Auf Jesu Einladung und Erlaubnis betreten wir im Gebet einen »*Vertrauensraum*«. Hier dürfen wir uns beheimaten. Hier sind wir zuhause, an dem Ort, an dem alles Verstellen aufhören darf und das ehrliche Wort einander zugemutet und gegönnt wird.

4. »Herr, lehre uns beten«

»*Herr, lehre uns beten*« (Lukas 11,1) baten Jesu Jünger.

Matthäus 6,5-8 überliefert ein Gespräch Jesu, in dem es um das »rechte« Beten geht. Es ist eine Zwiesprache mit Gott, keine »Show«, betont er. Und die Menge der Worte macht es nicht – die Haltung zählt. Was könnten wir Gott schon sagen, um was könnten wir ihn bitten, was er als unser Vater im Himmel nicht schon weiß?

Auch das öffentliche Gebet im Gottesdienst oder zu anderen Anlässen ist und soll ein Gespräch mit Gott sein. *Er* ist sein Adressat! Nicht die Mitbetenden oder auch nur »Zuhörenden«. Es geht auch im öffentlichen Gebet nicht darum, versteckt in die Rede an Gott, Botschaften und Appelle an die Mitbetenden zu senden.

Der Hinweis, dass »unser Vater« schon weiß, was wir bedürfen, ehe wir's bitten, entlastet das Gebet. Es entlastet auch davon, deutlicher: Es verbietet geradezu, Gott, versteckt in der Bitte, sogleich Mittel und Weg ihrer »Erfüllung« vorzuschreiben. Der Hinweis des Paulus bleibt gerade dieser Versuchung gegenüber heilsam: »*Wir wissen nicht*, was *wir beten sollen*«, sondern hoffen, dass uns der Heilige Geist mit unaussprechlichem Seufzen vertritt (vgl. Römer 8,26).

5. Das Gebet lehrt die Haltung des Empfangens

Das Gebet ist eine Aktion, die uns Gott gegenüber vor allem in die Haltung *Empfangender* bringt und damit zunächst still macht.

Sören Kierkegaard umschreibt es mit den bekannten Worten:

»Als mein Gebet immer andächtiger und innerlicher wurde, da hatte ich immer weniger und weniger zu sagen. Zuletzt wurde ich ganz still. Ich wurde, was womöglich noch ein größerer Gegensatz zum Reden ist, ich wurde ein Hörer. Ich meinte erst, Beten sei Reden. Ich lernte aber, dass Beten nicht bloß Schweigen ist, sondern Hören. So ist es: Beten heißt nicht, sich selbst reden hören. Beten heißt still werden und still sein und warten, bis der Betende Gott hört.«

»Das Gebet ändert nicht Gott, sondern den Betenden«, behauptet Kierkegaard – und da ist viel dran, auch wenn die Bibel davon zu erzählen weiß, dass Gott sich durch Gebete bewegen lässt.

Das Gebet macht demütig und weist den Betenden vor Gott einen Ort zu, den der »Macher-Mensch« nicht freiwillig einnimmt: den Ort der Demut, der Bedürftigkeit, der Ohnmacht, der Dankbarkeit, des mal gläubigen, mal ungläubigen Staunens, am Ende den Ort der Sehnsucht und des Vertrauens.

Beten ist Atmen in Gottes Nähe. Der menschliche Geist öffnet sich dem göttlichen Geist, ruft ihn an, erbittet sein Kommen und gibt sich ihm hin, damit er ihn verändert. Beten vollzieht sich immer auch als Loslassen und als Ergebung.

Beim Beten ist nicht nur die rationale Seite des Menschen beteiligt. Stille werden und Stillehalten gehört zum Gebet dazu. Das Gebet lehrt die Selbstvergessenheit, die ich nur in Geborgenheit praktizieren kann, an einem Ort, an dem ich mich nicht um mich selbst kümmern muss, weil ich weiß, dass für mich gesorgt ist.

6. Gebet und Gebot

Karl Barth hat seine unvollendete Versöhnungsethik nicht zufällig anhand des »Unser-Vater«-Gebets entfaltet. Das Gebet ist der Beginn allen gerechten Tuns. Und, so betont er immer wieder: Wer betet, betet nur recht, wenn er unterdessen seiner Bitte gemäß lebt. Wer die Heiligung des Namens Gottes erbittet und ersehnt, kann und darf ihn selbst nicht entheiligen. Wer um das Kommen des Reiches Gottes und seiner Gerechtigkeit bittet, kann unterdessen nicht der Herrschaft anderer Mächte dienen. Wer bittet, dass Gottes Wille geschehe und getan werde, kann nicht anders, als selbst Gottes Willen zu suchen und im eigenen Leben Raum zu geben.

Nun handeln und leben aber auch Christenmenschen beständig dem Willen Gottes und seinem heilsamen Gebot zuwider. Tun wir das Gebot dann ab – als unerfüllbar, naiv, nicht zeit- oder situationsgemäß –, oder wählen wir den Weg, den Jesus wählte, als er das Gebot (der Vergebung) ins Gebet nahm?

Wenn das Gebot Gottes in der Wirklichkeit unserer Welt keinen Raum bekommt und wir selbst ihm keinen Raum geben, dann soll es nicht abgeschafft werden, sondern dann wird das Gebot bzw. meine Unfähigkeit und Unwilligkeit, es zu tun, zum Gegenstand des ernsten Gebetes!

Und das ernsthafte Gebet öffnet uns die Tür zum Gebot. Prüfen wir selbst, ob das, was wir z.B. politisch, gesellschaftlich, wirtschaftlich, technisch fordern, denken und wollen, was uns das »Gebot der Stunde« zu sein scheint und Leitlinie für unser Verhalten auch als Gebet an Gott formuliert werden kann.

Wer die biblische Botschaft wahrgenommen hat und ihren Grundzug ernst nimmt, dass Gott auf der Seite derer steht, die in unserer Welt unter die Räder zu geraten drohen, der wird auch das, worum er für sich selbst und seinen Lebensbereich bittet, an dieser Botschaft ausrichten. Das gilt gerade dann, wenn wir erkennen, dass in dieser Welt der Nutzen der einen nicht selten auf Kosten anderer erzielt oder gesichert wird. Die Bitte um Gottes Gerechtigkeit z.B. muss in unserem Land nicht selten einhergehen mit der Bitte um die Bereitschaft zum eigenen Verzicht.

7. Werden Gebete erhört?

Das Gebet ist der Ort, an dem wir Gott, unserem Vater und unserer Mutter im Himmel, vorbehaltlos und ehrlich sagen, was wir von Herzen wünschen und wollen. »Falsche Bescheidenheit« hat im Gebet kein Wohnrecht, und wir sollen uns selbst auch nicht ins Wort fallen, indem wir das, worum wir bitten, tief im Inneren für »unmöglich« halten. Das Gebet soll von ganzem Herzen und ganzer Seele kommen, nicht halbherzig.

Unsere Bitten können sich im Gebet aber sehr wohl auch wandeln. Von ganzem Herzen bringen wir sie vor Gott, und mit ganzem Herzen vertrauen wir uns ihm an und setzen uns damit auch seinem wegweisenden Wort und heiligendem Geist aus.

Christenmenschen vertrauen darauf, dass Gott ihre Gebete *hört*. Das ist das Erste. Werden sie aber *»erhört«*?

Ich kenne niemanden, der daran nicht seine Zweifel hätte. Nicht einmal Jesus, der in Gethsemane doch wahrlich von ganzem Herzen um einen anderen Weg bat als den, den er dann gehen musste. Aber wann sagen wir, Gott habe Gebete »erhört«? – Gewiss dann, wenn wir erfahren und erleben, dass unsere an ihn gerichteten Bitten »erfüllt« wurden – in dem Sinn, dass kam, worum wir ihn baten. Ein Segen, wem das – vielleicht nach langer, ausdauernder Zeit des Gebetes – geschenkt ist und dann allemal ein frohes Dank- und Lobgebet wert!

Aber sollte unsere Bitte »unerhört« geblieben sein, wenn sie sich nicht in diesem Sinne »erfüllt«? Könnte es sein, dass Gott selbst sie mit anderem »füllt«? Darf ausbleibende »Erfüllung« unser Gebet nicht umso mehr mit Sehnsucht füllen, mit »Warten« und »Wachen« und vielleicht der Erkenntnis, dass auch das *Kreuz* in der Mitte unserer Gebete seinen Platz behält, bis Gott sein mühevolles Werk vollendet, wie er verheißen hat?

Ich setze bewusst ein Fragezeichen hinter diese Sätze! Weil es wohl immer dahinsteht, ob wir die Anfechtung »unerfüllter« Gebete überstehen. Ein beharrliches Gebetsanliegen wäre gewiss auch das!

8. Amen

Unsere Gebete schließen wir mit »Amen«. Neben »Hosianna« oder »Halleluja« hat dieses hebräische Wort alle »Übersetzungen« überlebt und ist wie ein Urgestein erhalten geblieben, das uns beständig an den Mutterboden des Evangeliums in der Geschichte Israels erinnert.

Mit dem »Amen« wird in der Hebräischen Bibel ein Lobpreis Gottes abgeschlossen: *»Gelobt, gesegnet sei der Herr, der Gott Israels, von nun an, bis in Ewigkeit. Amen, Amen.«* (Psalm 41,14; vgl. 72,19; 83,53, 106,48)

Ein Beter lobt vor der versammelten Gemeinde Gottes Güte und Herrlichkeit, dankt ihm für seine Begleitung im Leben, für Rettung und Bewahrung. Und auf dieses Lob Gottes sagt *die ganze Gemeinde*: »Amen!« »Das ist wahr.« »Wir bestätigen das.«

Das »Amen« gehört der Gemeinde. Es ist ihr »Amt«, auf das Gehörte mit »Amen« zu antworten. Sie beteiligt sich damit *aktiv* an dem, was im Gottesdienst verkündigt und gebetet wird. Das »Amen« zu sprechen ist, recht verstanden, eine *Tat*.

Darum war es Paulus so wichtig, dass das, was im Gottesdienst von denen, die dazu beauftragt worden sind, gesprochen und gebetet wird, für alle in der Gemeinde *verständlich* ist. »Wie« fragt er, »soll der, der im Gottesdienst dabei ist, das Amen sprechen, wenn er gar nicht weiß und versteht, was Du sagst« (vgl. 1.Korinther 14,13-16). Das »Amen« soll kein auswendig gelerntes, reflexartig kommendes Wort sein, wenn ein Gebet endet. Mit dem »Amen« identifiziert sich die Gemeinde und der Einzelne mit dem Gebet, das gesprochen wurde. Dieses »Amen« ist kein Muss und kein Selbstläufer. Es kann auch Gebete geben, denen ich mein »Amen« verweigern muss. Mit dem »Amen« unterschreibe ich sozusagen den »Brief an Gott« und mache mich zu einem Mitabsender.[1] Wer es spricht, bekräftigt das, was gesagt wurde, und erklärt es auch für sich selbst für verbindlich. Also nie vorschnell »Amen« sagen! Es *verpflichtet*.

»Amen« ist aber durch und durch auch ein *Zukunftswort*.[2]

In seinem Kleinen Katechismus übersetzt Martin Luther »Amen« mit: »Ja, so soll es geschehen« – und in seinem »Vater-unser«-Lied wunderbar; *»Amen, das ist: Es werde wahr«* (eg 344,9).

Das Evangelium und unsere Gebete, sie sagen nicht nur, was heute *ist*, vielmehr strecken sie sich nach dem aus, was nach Gottes Verheißung *sein soll* und *wird*, und darauf antworten wir zum Lob Gottes: »Amen – das werde wahr«.

Mit unserem »»Amen« stehen wir in der *Welt Gottes*, mitten in *dieser* Welt – zugleich in einer anderen. Aus dieser Welt rufen wir sehnsüchtig: »Amen, ja, komm, Herr Jesus!« (Offb. 22,21) Diese *Zukunftsmusik* soll schon die Melodie und den Rhythmus unseres Lebens bestimmen. Die Musik, nach der wir tanzen, ist dann die *seine*. In seiner *Zukunft* machen wir uns fest. Wir werfen einen Anker aus, um im Wandel und Fluss der Zeiten nicht verloren zu gehen. Festgemacht in Christus, den die Offenbarung den *»Amen«* nennt, *den treuen und wahrhaftigen Zeugen* (Offb. 3,14), sind wir frei, dem mitreißenden Strom zu trotzen.

»Amen: Das ist wahr und gewiss!« (Heidelberger Katechismus, Frage 129).

---

1 Gleiches gilt auch für die Predigt, die mit einem »Amen« schließt.

2 Beim Propheten Jesaja wird das »Amen« einmal sogar zu einem »neuen Namen« Gottes. Da heißt es wörtlich von der Zeit der Erlösung: *»Wer sich dann segnen wird auf Erden, der wird sich segnen beim Gott ›Amen‹, und wer schwören wird auf Erden, der wird schwören bei dem Gott ›Amen‹. Denn die früheren Ängste sind vergessen und vor meinen Augen entschwunden«*. (Jesaja 65,16) »Amen«, Treue, Zuverlässigkeit – das wird der Name Gottes sein.
»Ich bin da« – ich bin mit Dir, ist der Name, mit dem Gott sich seinem Volk Israel vorstellt, mit dem er durch die Zeiten an seiner Seite ist – »Gott mit uns«. Am Ende der Zeiten, am Ziel der Wege dieser Welt durch all die Zerrissenheiten und Zweifel, Schuld und Versagen, Sterben und Tod hindurch wird »Amen« der Name Gottes sein. Seine Treue wird sich erwiesen haben. Seine Zuverlässigkeit steht dann außer Frage. Sein Wort ist wahr und gewiss, und seine Verheißungen haben nicht getrogen. »Amen«.
Siehe hierzu: Friedrich-Wilhelm Marquardt, Amen – ein einzig wahres Wort des Christentums, in: Hören und Lernen in der Schule des NAMENS. Mit der Tradition zum Aufbruch, FS für Bertold Klappert zum 60. Geburtstag, hg. v. Jochen Denker, Jonas Marquardt, Borgi Winkler-Rohlfing, Neukirchen-Vluyn 1999, 146-160.

SYLVIA BUKOWSKI

Gebet und Sprache

Der Realitätsbezug gottesdienstlicher Gebete

Das gottesdienstliche Gebet hat für viele Gemeindeglieder einen hohen Stellenwert. Sie möchten in ihrer Lebenswirklichkeit wahrgenommen und mit dem, was sie bewegt, mitgenommen werden in den Kontakt mit Gott.

Wie kann das gelingen? Dazu einige Gedanken, die sich auf das Eingangsgebet und die Fürbitte konzentrieren.

1. Eingangsgebet

Das Eingangsgebet spricht in der Anrede Gott darauf an, wie er sich zu erkennen gegeben hat. Statt ständig gleiche Formulierungen wie »barmherziger Gott« oder »guter Gott« zu benutzen, bringt Abwechslung und die vielen Seiten des lebendigen Gottes ins Bewusstsein, auch die weiblichen. Aber Vorsicht vor Rollenklischees. Nicht nur Mütter sind fürsorglich, zärtlich oder tröstend!

Der Anrede Gottes folgt die Beschreibung der menschlichen Erfahrungen, die vor Gott gebracht werden sollen. Und da tut sich ein Dilemma auf: Im liturgischen Ablauf des unierten und reformierten Gottesdienstes hat das Eingangsgebet den Charakter eines Sündenbekenntnisses (offene Schuld) und soll vor allem zur Sprache bringen, was zwischen uns und Gott steht, damit wir davon befreit, offen werden für Gottes Wort. Gleichzeitig geht es in diesem Gebet auch um das Einstimmen auf den Gottesdienst bzw. um ein persönliches Ankommen im Gottesdienst. Und da reagieren Gottesdienstbesucher*innen, zumal wenn sie den theologischen Hintergrund der Liturgie nicht kennen, schnell allergisch, wenn sie erst einmal »runtergemacht« und nur auf ihre Defizite behaftet werden. Sie wünschen sich, dass auch das Gelungene und Beglückende, das sie aus der vergangenen Woche »mitbringen«, im Gebet vorkommt. Beides, Schuld und Dankbarkeit, lassen sich am einfachsten bei einem Wochenrückblick verbinden.

Wenn diese Form zur Regel wird, wird sie allerdings m. E. langweilig. Da, wo dem Eingangsgebet der Wochenpsalm vorausgeht, ist es hilfreich, sich inhaltlich an ihm zu orientieren. Und wer sich dabei enger an den Rahmen eines Sündenbekenntnisses hält, sollte auch nicht nur Schuld und Versäumnisse benennen. In den Gottesdiensten sind in der Regel viele höchst engagierte Menschen versammelt. Da kann man nicht pauschal bekennen: »Wir achten nicht auf unseren Nächsten. Wir denken immer zuerst an uns selbst.« Oder: »Wir betrachten deine Geschöpfe als tote Materie, schlachten unsere Umwelt aus zu unseren Zwecken ...« Abgesehen davon, dass Pauschalisierungen in den allermeisten Fällen sowieso falsch sind, macht der Gottesdienstgemeinde wahrscheinlich eher zu schaffen, dass sie trotz aller Bemühungen so wenig gegen das Leid ausrichten kann oder dass sie angesichts der Fülle von Problemen manchmal gar nicht mehr weiß, wo sie anfangen soll, etwas zu tun. Die Sünde, die sie bedroht, ist weniger ungebrochener Egoismus und Rücksichtslosigkeit gegen andere, sondern eher das, was Barth die Sünde der Resignation nennt. Sie traut Gott angesichts der verheerenden Zustände unserer Welt nicht mehr zu, seine Verheißungen wahrzumachen, und lähmt Menschen, ihre Möglichkeiten auszuschöpfen.

Eine andere Form von Sünde, die viele Gottesdienstbesucher*innen von sich kennen, beschreibt Paulus, wenn er klagt: »Wollen habe ich wohl, aber das Gute vollbringen kann ich nicht. Denn das Gute, das ich will, das tue ich nicht, sondern das Böse, das ich nicht will, das tue ich.« (Röm 7, 18f.) Jeder kennt die schmerzliche Erfahrung, dass zwischen Einsicht und Tun oft eine große Kluft liegt und dass man manchmal beim besten Willen nicht über seinen Schatten springen kann, selbst wenn man weiß, wie nötig ein anderes Verhalten wäre. Wir sind oft nicht die, die wir sein wollen.

Blockiert in ihrer Beziehung zu Gott, werden Menschen aber nicht nur durch bewusst schuldhaftes Verhalten, sondern auch durch ihr Leiden an der Zerrissenheit der Welt, an der eigenen Verstrickung in ausbeuterische und zerstörerische Wirtschaftsstrukturen, an der Begrenztheit der eigenen Kraft. Das alles kann in dem Eingangsgebet zur Sprache kommen. Auch die Klage, ja sogar die Anklage Gottes (Wo warst du? Warum greifst du nicht ein?) hat darin einen Platz.

Bei den verschiedenen Blockaden im Verhältnis zu Gott, die im Eingangsgebet zur Sprache kommen, muss allerdings deutlich unterschieden werden: Aus der Verstrickung in Sünde muss Gott uns erlösen (Röm 7,24), Schuld ist auf seine Vergebung angewiesen. Aber Klage braucht Trost und Ermutigung, und die Begrenztheit menschlicher Kraft braucht Gottes Beistand. Letztgenanntes darf nicht in den Geruch von Sünde oder Schuld geraten!

Ich möchte in diesem Zusammenhang noch auf eine häufig gebrauchte Formulierung in Sündenbekenntnissen eingehen. Da heißt es oft: Wir haben nicht genug an dich gedacht, nicht genug nach deinem Willen gefragt, waren nicht dankbar genug, oder so ähnlich. Dieses »nicht genug« ist sehr schwammig – was wäre denn eigentlich genug? Diese Formulierung verstärkt nur das typisch protestantische schlechte Gewissen, nie genug getan zu haben. (»Man müsste doch auch noch …«) Schlimmer noch: Diese Formulierung transportiert das fatale Bild von einem Gott, der nie genug kriegt, dem wir nie genügen, der uns keinen Schalom im Sinne von Zufriedenheit gönnt. Ein gnadenloses Gottesbild, das in der Predigt – hoffentlich – nicht vorkommt. Auch im Gebet muss also darauf geachtet werden, welches Gottesbild darin – vielleicht unbewusst – transportiert wird.

Beim Eingangsgebet sollte deutlich werden: Es richtet sich an den gnädigen Gott, der für jedes seiner Geschöpfe Leben in Fülle (Joh 10,10) vorsieht. Vor ihm benennen wir dankbar das geschenkte Glück, bekennen aber auch unsere Bedürftigkeit, unsere Angewiesenheit auf Vergebung, Trost und Hilfe, die wir im Alltag oft voreinander und vor uns selbst verbergen. Am Schluss des Gebets steht die Bitte, dass Gott alles Trennende überwinden möge durch sein Erbarmen, seine Zuwendung und seine Bereitschaft, auch in unserer Schwachheit wirksam zu sein.

2. Fürbitte

Das gottesdienstliche Fürbittgebet verbindet den Dank für Gottes bisheriges Handeln (evtl. unter Anknüpfung an die Predigt) mit Bitten für die Gegenwart. Der Blick richtet sich dabei über die eigenen Belange hinaus auf die Kirche, auf die Regierenden, die Welt und auf Menschen in Not. Dieser traditionellen Vorgabe muss nicht jedes Fürbittengebet folgen, aber keiner der genannten Bereiche sollte notorisch fehlen. Denn das Gebet steht unter der Verheißung, dass Gott hört und sich bewegen lässt.

Karl Barth hat einmal gesagt: »Im Fürbittgebet haben wir Anteil an Gottes Weltregiment.« (KD III 3,323)

Die übliche Form des Fürbittgebets reiht nach der von Dank geprägten Anamnese der Taten Gottes die verschiedenen Bitten aneinander. Ich möchte vorschlagen, daneben auch einmal jede Bitte mit einem ausdrücklichen Dank für die Menschen zu beginnen, die Verantwortung übernehmen und sich für bessere Lebensverhältnisse einsetzen. Ihr Engagement ist ja nicht selbstverständlich und braucht Gottes erfrischenden Beistand, um nicht zu ermüden.

Bei der Fürbitte für Menschen in Not ist die Fülle der Probleme schier endlos. Das Fürbittengebet sollte es aber nicht sein, sondern eine knappe, möglichst aktuelle Auswahl treffen. Wir können davon ausgehen: Auch in der Woche beten viele Gemeindeglieder nicht nur für sich selbst, sondern auch für andere und »über der Zeitung«.

Und wieder tut sich ein Dilemma auf: Die Bitten sollen konkret sein, aber auch Gottes Willen und Weisheit Raum geben, ihm also nicht vorschreiben: »Lass die Politiker die einzig richtige Entscheidung zum Atomausstieg treffen« … Besonders schwierig ist es, Dinge anzusprechen, die in der Gemeinde strittig sind. Bei gottesdienstlichen Gebeten soll ja möglichst die ganze Gemeinde Amen sagen können, unabhängig von individuellen Meinungsverschiedenheiten. Trotzdem gehört das Gebet für Flüchtlinge, über die Gemeindeglieder vielleicht sehr unterschiedlich denken, in den Gottesdienst, genauso wie das für Menschen, die sich in besonderer Weise für die Umwelt einsetzen. Auch unsere Theologie gibt uns Themen vor, und alle Gebete im Gottesdienst müssen theologisch reflektiert sein!

Im Zuge meiner Überlegungen zum Eingangsgebet habe ich darauf hingewiesen, dass zu prüfen ist, was für ein Gottesbild darin bewusst oder unbewusst transportiert wird. In der Fürbitte steht das Menschenbild auf dem Prüfstand. Wie kommen Menschen in Notlagen darin vor? Nur als bemitleidenswerte, schwache Wesen? Viele Arme haben aber eine große Lebenskraft und leisten in ihrer Situation Bewundernswertes. Viele Menschen mit Behinderung sind stolz, ihr Leben gut zu meistern. Die neuen Alten sind zum großen Teil höchst aktiv! Und von Krankenbesuchen kommt man oft selbst getröstet zurück. Die Fürbitte muss auch diese Seiten im Blick haben und darf nicht von »oben herab« klingen.

Alle öffentlichen Gebete sollten den Ambivalenzen des Lebens Rechnung tragen, vor allem was Gefühle angeht: Das Wochenende ist nicht nur ersehnte Freizeit, sondern für manche die schwerste Zeit der Woche. Der Muttertag ist nicht nur Anlass zu Dankbarkeit, sondern auch zu Vergebung. Am Totensonntag wird nicht nur um »liebe Verstorbene« getrauert, sondern in Erinnerung kommen auch Menschen, die viel schuldig geblieben sind, die Böses angerichtet haben und an denen man viel versäumt hat.

Mir ist beim Nachdenken über gottesdienstliches Beten grundsätzlich die Frage wichtig geworden, wie die Starken, die Erfolgreichen und Glücklichen im Gottesdienst vorkommen. Die gibt es in der Gemeinde ja – Gottseidank! – auch! Müssen sie immer nur ermahnt und verpflichtet werden? Ich bekomme manchmal den Eindruck, als müsse ich fast ein schlechtes Gewissen haben, wenn ich keine Probleme habe, wenn es mir einfach gut geht. Aber auch als glücklicher Mensch möchte ich im Gebet vorkommen, im Dank, aber auch in der Fürbitte. Denn mir ist sehr bewusst, wie zerbrechlich Glück ist, wie hinfällig menschliche Stärke. Auch das, was dem Leben Glanz gibt, sollte also unter Gottes Schutz gestellt werden.

Schließlich noch die Erinnerung an das ausdrückliche Gebot Jesu, für unsere Feinde zu beten. Auch solche Bitten gehören m.E. in die gottesdienstliche Fürbitte hinein, gerade in einer Zeit, in der täglich darüber berichtet wird, wie Terroristen, korrupte Machteliten und das organisierte Verbrechen weltweit agieren und Leben zerstören. Für solche Menschenverächter zu beten, sie Gottes Gericht anzubefehlen, das sie zurechtbringen soll, bewahrt uns davor, uns von ihrem Hass anstecken zu lassen und in unserer Abscheu vor ihnen selbst unmenschlich zu werden. Das Vertrauen, dass Gott tatsächlich die Macht hat, auch die kältesten Herzen zu erwärmen und die, die wir für hoffnungslose Fälle halten, zu verändern, eröffnet eine Hoffnung, die uns von dem Gift unserer Hass- und Rachegedanken befreit. Auch darin bewährt das Gebet seine heilsame Kraft.

HOLGER PYKA

Schreibend beten, betend schreiben

Gedanken und Anregungen für die Praxis[1]

1. (Gebete) Schreiben als spirituelle Praxis

Das Schreiben von Gebeten ist wie das Beten selbst, und wie vielleicht das ganze wahnwitzige Abenteuer des Glaubens überhaupt, »harte Arbeit« (Karl Barth). Schreiben ist ein kreativer Prozess, und als solcher der bekannten Regel von den »fünf Prozent Inspiration und fünfundneunzig Prozent Transpiration« (die Prozentanteile wie auch die mutmaßlichen Urheber variieren) unterworfen.

Befasst man sich ein wenig mit Kreativitätsforschung, dann erscheint sie aus theologischer Sicht fast wie ein Entwurf säkularer Pneumatologie: Es geht um den Durchbruch neuer Ideen und Sichtweisen, um Verbindungen bisher nicht zusammen gedachter Phänomene und innovative, transformierende Lösungen. Und das kann dauern. Die großen neuen Ideen der Menschheitsgeschichte, die oft als einmalige Geistesblitze herausragender Denker beschrieben werden, sind, wenn man genauer hinguckt, meistens das Ergebnis jahre-, vielleicht jahrzehntelanger Forschung. Manchmal auch vermeintlich missglückter Experimente. Selbst das Pfingstereignis (Apg 2) geschieht nicht einfach im luftleeren Raum, sondern ist eingebunden in den jüdischen Festkalender und ereignet sich im Rahmen gemeinschaftlich geübter Spiritualität. Ähnliches gilt für die großen Werke der Literatur (und anderer Kunstformen): Hartnäckig hält sich hier der problematische Geniebegriff der Romantik, der herausragende kreative Leistungen als Ergüsse eines Schöpfergeistes versteht, die von einer mehr oder weniger unbeteiligten Schreibhand nur noch zu Papier

1 Einige der hier vorgestellten Gedanken und Methoden finden sich bereits bei Holger Pyka, Spiel mit dem Wort! Kreatives Schreiben für Predigt und Preacher Slam, Göttingen 2018, 152–167.

gebracht werden müssen. Natürlich gibt es solche, manchmal fast transzendente oder »heilige« Momente, in denen spontan Großes entsteht. Die Psychologie nennt sie *flow*-Erlebnisse, und wirklich große Kunst ist ohne solche Erfahrungen nicht zu haben. Unbestritten ist aber auch, dass sie, bei aller letztendlichen Unverfügbarkeit, maßgeblich durch Ausdauer, eigenes Können und zielorientiertes Arbeiten begünstigt werden – Kunst gibt es nicht ohne Handwerk, Spiel nicht ohne Arbeit, und kein literarischer Text ist jemals ohne Redaktion veröffentlicht worden (die Gebete in diesem Buch inklusive).

Wer öffentlich betet, braucht eine eigene Gebetspraxis.[2] Wer liturgische Gebete schreiben will, braucht darüber hinaus eine eigene Schreibpraxis und muss handwerkliches Können erwerben, sollte einige Funktionsregeln von Sprache und Methoden zur Ideenfindung und Textbearbeitung kennen. Beides kann dieser Beitrag nicht vermitteln, aber vielleicht kann er Anregungen bieten. Vorausgesetzt ist, dass all das nicht ohne Ausdauer und Regelmäßigkeit geht – »Regeln und Methoden«, sagt Fulbert Steffensky, »reinigen uns von der Zufälligkeit des Augenblicks und machen uns langfristig.«[3] Deswegen ist es sinnvoll und erfolgversprechender, wenn die hier gezeigten Übungen nicht bloße Einmalspielereien bleiben, sondern ins eigene geistliche Leben integriert werden.

Geistlich schreibend leben

- Der Schriftsteller und Schreibdozent Hanns-Josef Ortheil rät seinen Studierenden[4], fremde Texte (mehrfach) abzuschreiben. Mit der Zeit macht man sich den Sprachduktus zu eigen (Ortheil nennt das: Zum »Jünger« eines Textes werden), zugleich können nach einer gewissen Zeit eigene Formulierungen daraus entstehen. Schreiben Sie Psalm ab. Zunächst, ohne damit irgendetwas zu wollen. Folgen Sie dann, wohin dieses Vorgehen Sie führt.
- Karl Barth hat bekanntlich gesagt, als Theolog*in solle man Bibel und Zeitung nebeneinander liegen haben – »die Bibel lehrt uns, wie wir

2 Ich wünsche mir manchmal mehr Mut, auf diesen Zusammenhang deutlicher hinzuweisen, wenn Patinnen und Paten oder Trauzeugen Fürbitten bei Kasualgottesdiensten gestalten wollen.

3 Fulbert Steffensky, Schwarzbrot-Spiritualität, Stuttgart 2006, 20.

4 Hanns-Josef Ortheil, Mit dem Schreiben anfangen. Fingerübungen des Kreativen Schreibens, Berlin 2017, 40–49.

beten sollen, die Zeitung, (um) was wir beten sollen.« Machen Sie eine kleine geistliche Übung daraus, indem Sie die morgendliche Zeitungslektüre als Anlass für ein Gebet nutzen: Wählen Sie einen Artikel aus. Überlegen Sie sich dann, für wen oder was daraus Sie beten wollen, und schreiben Sie ein kleines Gebet oder eine Fürbitte. Orientieren Sie sich dabei an der Vielfalt biblischer Gebetsformen (Klagepsalm, Danklied, Lobespsalm usw.). Wenn Sie Lust zu spielen haben: Schreiben Sie die Ihnen bekannten Gebetsformen auf kleine Zettel. Schlagen Sie die Zeitung an einer beliebigen Seite auf und legen Sie, ohne hinzuschauen, den Finger irgendwo darauf. Ziehen Sie dann, ebenfalls blind, einen Zettel mit einer Gebetsform – und schreiben Sie! Es kann sein, dass der hier vielleicht entstehende *Klagepsalm anlässlich der Prämierung der größten Salatgurke auf dem Erntefest in Butzenhausen* nie seinen Weg in einen Gottesdienst findet. Aber mit der Zeit erweitern Sie Ihren Fundus für Fürbitten und üben sich in eine betende Wahrnehmung der Welt ein.

2. Aktive Verben öffnen Räume für Gott

Ein oft benanntes Problem bei Predigten ist der häufige Gebrauch von Hilfsverben: »Wir können/dürfen/sollen.« Hilfsverben sind (nicht in einem grammatischen Sinn, aber im Blick auf ihre Wirksamkeit) ausgesprochen schwache, kraftlose Verben, die wenig aussagen und noch weniger in der Hörerin bewirken, weil sie letztlich folgenlos bleiben. Auch in vielen gottesdienstlichen Gebeten ist eine solche Tendenz zu schwachen Verben zu hören. Stärkeres Gewicht erhalten in der Regel die Substantive, und hier meist die »großen Wörter« des Christentums (Gnade, Heil, Gerechtigkeit, Liebe), die zwar theologisch richtig sein mögen, aber die Sprache versteifen und austrocknen. Eine weitere Abschwächung der Gebetssprache erfolgt durch den häufigen Gebrauch des »liturgischen Lassiv« in der allgegenwärtigen Formulierung »Gott, lass uns …«. Dieses ständige »Lassen« ist nicht nur aus sprachlicher Sicht, sondern auch gebetstheologisch problematisch: Oft verschiebt sich, unter der Hand und sicherlich von dem oder der Betenden ungewollt, die Sprechrichtung. Wenn jemand im Gottesdienst betet: »Guter Gott, lass uns nicht vergessen, dass …« – ist hier wirklich Gott die Adressatin, oder soll nicht viel eher die Gemeinde an etwas erinnert oder auf etwas eingeschworen werden? Ähnliches gilt, wenn Gebete sich nur darin erschöpfen, dass Gott uns bitte bei diesem oder jenem behilflich sein möge.

Nach dem US-amerikanischen Alttestamentler Walter Brueggemann besteht das Besondere des Zeugnisses Israels darin, »dass JHWH ein aktiver Handelnder ist, das Subjekt eines aktiven Verbs«, der »auf entschlossene und lebensverändernde Arten und Weisen gehandelt hat.«[5] Und in der Tat: In den Psalmen sucht man schwache Lassiv- und Modalverbformulierungen vergeblich (und es wird kein Zufall sein, dass man sie im Hebräischen gar nicht so ohne Weiteres bilden kann). Vielleicht steckt hinter der in unserem kirchlichen Milieu verbreiteten Scheu vor starken Verben die Sorge, Gott zu nahe zu treten – unsere Väter und Mütter im Glauben waren da weniger zimperlich (»tu mit Bitten dir Gewalt«, EG 487,3). Vielleicht steckt dahinter ja auch eine andere Angst: Wenn ich konkrete Bitten an Gott richte, wenn ich Gott im Gebet Handlungsspielraum schaffe, dann besteht immer die Gefahr der Enttäuschung, wenn Gott diese Handlungsspielräume nicht nutzt oder anders wahrnimmt, als ich es mir gewünscht hätte. Dabei ist Ent-Täuschung vielleicht gar nicht der schlechteste Dienst, den gute Theologie und angemessenes Gebet der Kirche erweisen kann. Einige Brisanz erhält die Frage nach den Verben auch deswegen, weil die liturgischen Gebete zumindest anteilig die Gottesbilder der Gemeinde beeinflussen. Und wenn, zugespitzt gesagt, Gott schon im Eingangsgebet zum Zuhörer menschlicher Selbstbespiegelung degradiert, in den Fürbitten dann vollends impotent gemacht wird – was soll ich aus der Richtung da noch für mein Leben erwarten?

Starke Verben

- Nehmen Sie sich ein selbst geschriebenes oder vorgefundenes Gebet vor. Streichen Sie radikal alle Hilfsverben, und beobachten Sie beim Umschreiben, was das mit den Bitten macht. Ersetzen Sie »schwache«, d. h. wenig aussagekräftige, wenig anschauliche Allerweltsverben durch solche, die Sinneseindrücke evozieren (z. B. »gehen« durch »schreiten«, »humpeln« oder »tänzeln«). Es kann sein, dass Sie dann

5 Walter Brueggemann, Theology Of the Old Testament. Testimony – Dispute – Advocacy, Minneapolis ²2005, 123 (Übersetzung HP).

- das Gefühl haben, noch viel mehr an diesem Gebet verändern zu müssen – tun Sie's einfach!
- Schreiben Sie aus einem beliebigen Psalm diejenigen Verben raus, die Gottes Handeln beschreiben. Verwenden Sie sie für ein eigenes Gebet. Mit dem Ausgangspsalm muss dieses, außer den Verben, nichts gemeinsam haben.
- Wenn Sie ein Gebet für einen Gottesdienst mit einer klar umrissenen Zielgruppe (Kita, Seniorenheim, Andacht im Konfirmandenunterricht) schreiben, fertigen Sie als Fingerübung und Einstimmung ein paar »Vokabellisten« an, bei denen Sie für Allerweltsverben Variationen aus der Sprach- und Lebenswelt Ihrer Zielgruppe zusammenstellen. Lesen Sie dann die Listen durch, und markieren Sie diejenigen Wörter, die in Ihnen Lust zum Weiterschreiben wecken. Verwenden Sie sie für ein Gebet.

3. Konkrete, inkarnatorische Sprache und Metaphern

Es macht einen Unterschied, ob ich von einer *Frucht* rede oder von einem *Apfel*. Erstes ist ein abstraktes Konzept, bei dem die Nähe zum Beschriebenen aufgegeben wird zugunsten einer generalisierenden Betrachtungsweise. Letzteres ist eine konkrete Beschreibung, die in der Hörerin oder im Leser bildliche Vorstellungen weckt. Abstrakte Sprache ist wichtig im akademischen Diskurs, im Gottesdienst stört sie eher, denn: »Abstrakte Sprache prallt vom Gehirn ab wie Murmeln von einer Teflonpfanne. Das Publikum [und die Gemeinde, H. P.] kann sie vielleicht für den Moment greifen, aber sie bleibt nicht hängen.«[6] Sie schafft es auch nicht, Zuhörende emotional zu beteiligen – wenn Gemeindeglieder am Ende eines Gottesdienstes die »lebensnahe Predigt« oder »ansprechende Gebete« loben, dann zeigt sich auf Nachfrage oft, dass sie gerade auf konkrete Sprache reagiert haben. Konkrete Sprache bezieht sich auf das, was der sinnlichen Erfahrung zugänglich ist, was ich riechen, schmecken, sehen, hören oder fühlen kann. Sie spricht damit zugleich sensorische Erinnerungen an und aktiviert weitaus mehr Gehirnareale als abstrakte Sprache. Eines der Kriterien für die Gottesdienstgestaltung, die im Evangelischen Gottesdienst-

6 Marc Kelly Smith/Joe Kraynak, Take the Mic. The Art of Performance Poetry, Slam, and the Spoken Word, Naperville 2009, 51 (Übersetzung HP).

buch festgehalten ist, sagt: »Liturgisches Handeln und Verhalten bezieht den ganzen Menschen ein; es äußert sich auch leibhaft und sinnlich.« Eine solche Einbeziehung sinnlicher Elemente kann auch durch Sprache geschehen. Neben diesen eher pragmatischen Gründen, die für konkrete Formulierungen in Predigt und Gebet sprechen, gibt es auch handfest theologische. Vor allem ist die Bibel selbst voll von konkreter Sprache. Jesaja hätte schreiben können, wie man es landauf, landab mitunter in Predigten hört:

»Uns ist ein eschatologisches Friedenreich verheißen.«

Oder:

> »Wir hoffen auf eine Welt, in der Gott aus unserer Sicht unüberbrückbare Gegensätze überwindet und dadurch ein friedliches Zusammenleben aller Geschöpfe ermöglicht.«

Er hat aber geschrieben:

> »Da wird der Wolf beim Lamm wohnen und der Panther beim Böcklein lagern. Kalb und Löwe werden miteinander grasen, und ein kleiner Knabe wird sie leiten. Kuh und Bärin werden zusammen weiden, ihre Jungen beieinanderliegen, und der Löwe wird Stroh fressen wie das Rind. Und ein Säugling wird spielen am Loch der Otter, und ein kleines Kind wird seine Hand ausstrecken zur Höhle der Natter.« (Jes 11,6–8).

Jesus war ein wahrer Meister, was konkrete Sprache angeht. Anstatt bloß die These aufzustellen, dass Gott große Mühen auf sich nimmt, um auch verlorenen Sündern Anteil an seiner Gnade zu geben, erzählt er eine Geschichte von einer Frau, die auf der Suche nach einer Münze das ganze Haus auf den Kopf stellt. Und letzten Endes: Was bedeutet »Inkarnation« anderes, als dass Gott vom Abstrakten ins hochgradig Konkrete vordringt?

Eine griffige Faustregel für konkrete Sprache, die ursprünglich aus der Regiepraxis kommt, lautet: *Show, don't tell* – also *Zeigen, statt zu erklären.* Ein abstrakter Satz, der über einen Sachverhalt bloß informiert, kann zum Beispiel lauten: »Anna war sehr traurig.« In konkreter Sprache versuche ich, meine Lesenden oder Zuhörenden in ein Bild einzuladen und sie selbst ihre Schlussfolgerungen ziehen zu lassen: »Anna saß am Küchentisch. Um sie herum lagen zerknüllte Taschentücher auf dem Boden. Ihr Kopf war nach vorne gebeugt, ihre Schultern zuckten.« Dabei wird deutlich, dass konkrete Sprache oft mehr Raum braucht als abstrakte. Das ist aber in den seltensten Fällen ein Verlust.

Abstrakt statt konkret

- Untersuchen Sie Ihre Gebete daraufhin, wie abstrakt bzw. konkret die Formulierungen sind, und ersetzen Sie abstrakte Konzepte durch konkrete Beispiele. Danken Sie statt »für die Schönheit der Schöpfung« für den Löwenzahn am Wegesrand, das Grün ausschlagender Birken, das Tschirpen der Spatzen und den Marienkäfer auf ihrem Balkon.
- Wagen Sie Nähe bei Fürbitten: Statt pauschal »alle, die unter der Last des Lebens zu leiden haben« in einem Halbsatz abzufertigen, zoomen Sie wie mit einer Kamera näher heran. Beten Sie für die Rentnerin, die am Küchentisch immer wieder das Kleingeld im Portmonee zählt und immer noch nicht weiß, wovon sie ein Geburtstagsgeschenk für ihren Enkel bezahlen soll.

Die Bibel benutzt häufig Metaphern, um von Gott zu reden. »Der (gute) Hirte« (Ps 23), der »Fels«, die »Burg« (1Sam 2,2), die »Henne« (Mt 23,37), all das sind nicht nur hübsche sprachliche Dekorationen, sondern machen sich eine besondere Eigenschaft von Metaphern zunutze: In ihnen schwingt vieles an Eindrücken, an Emotionen, an Erfahrungen mit, das sich schlecht in Worte fassen lässt. Sie werden damit zumindest ansatzweise dem Umstand gerecht, dass unsere Vorstellung und unsere Sprache Gott nie ganz fassen kann. Das gilt auch für unsere Bilder, deswegen sollten in Gebeten unterschiedliche Metaphern verwendet werden. Nicht zuletzt deswegen, weil unsere gottesdienstlichen Gebete, von den Formulierungen bis hin zum Sprach- und Stimmklang, die Gottesbilder der Gemeinde prägt, ob wir wollen oder nicht. Menschen lernen Theologie auch durch liturgische Texte.

- Listen Sie metaphorische Rede von Gott auf. Wählen Sie einzelne Bilder aus und notieren Sie, welche Details, welche Eigenschaften Ihnen dazu einfallen: Eine Burg zum Beispiel besteht aus Türmen und Mauern, hat eine Zugbrücke über einen Burggraben und so weiter. Erforschen Sie die Weite der Bilder und formulieren Sie davon ausgehend einzelne Gebetsteile.
- Die Bibel beschreibt oft nicht, wie Gott ist, sondern wie Gott handelt. Das macht die biblischen Texte so dynamisch. Wählen Sie konkrete Formulierungen aus, die Gottes Handeln beschreiben, und übersetzen Sie sie in den Alltag, indem Sie variieren. Beginnen Sie zum Beispiel, in Anlehnung an Joh 2, folgendermaßen: »Gott, du verwandelst das Wasser, das wir bereitstellen, in kostbaren Wein. Wir bitten dich: …«

Natürlich gibt es Fallstricke bei konkreter und metaphernreicher Sprache. Manche Metaphern sind so geläufig, dass sie klischiert oder tot sind, also keine neuen Einsichten mehr transportieren – wer ein Liebesgedicht verfassen will, wird tunlichst vermeiden, von roten Rosen zu schreiben. Auch die Suche nach frischen, unverbrauchten Metaphern kann schiefgehen, wenn sie in Bilderwelten führt, die der Gemeinde nicht geläufig sind. Manche Metaphern sind so unerwartet, dass sie die Zuhörenden aufhorchen lassen und damit aus dem Fluss des Gebets reißen. Das Gleiche kann passieren, wenn in großer Fabulierfreude zu viele Details ausgeleuchtet sind. Durch Predigerseminare und theologische Fakultäten geistert als abschreckendes Beispiel seit einigen Jahrzehnten ein Text der US-amerikanischen Autorin Alla Bozarth Campbell: »Gott, du Bäckerin, ich bin dein lebendiges Brot, stark, braun. Ich bin dein flacher, weicher Leib, der Gestalt annimmt. Ich bin dein Brot, das aufgeht, gut geknetet von einem Paar göttlicher und knotiger Knöchel, von deinen warmen Erdenhänden.«[7] Das ist eindeutig zu viel, abgesehen davon, dass einige Metaphern ziemlich schief sind. Die Faustregel lautet: Am Ende soll die Gemeinde vielleicht sagen: »Das war ein bewegendes Gebet.« Sie soll aber nicht denken: »Da hat er/sie sich aber große Mühe gegeben.« Wer sich ins unbekannte Terrain metaphorischer Gebetsformulierungen wagt, tut das

7 Zit. n. Dolores Bauer (Hg.), Erfüllte Zeit 2. Lesejahr C, Freiburg u. a. 2000, 218.

am besten mit solidarischen und kritischen Zuhörerinnen und Testlesern an der Seite – und unter beständigem Gebet (s. u.).

4. Gebet und der Klang der Sprache

Liturgische Gebete sind Texte, die von der Gemeinde in aller Regel nur hörend wahrgenommen werden, und zwar einmalig. Damit gelten andere Gesetzmäßigkeiten als für literarische Texte, die die Leserin bei Bedarf noch mal nachlesen kann. Zum Beispiel ist die Anzahl von Wörtern pro Satz, die wir hörend verarbeiten können, begrenzt, und diese Grenze liegt Untersuchungen zufolge bei rund 13 Wörtern. Das schließt lange und ineinander verschachtelte Sätze von vornherein aus, zumal diese auch ungewollt komisch klingen können: »Gott, der du die, die du die Deinen nennst, ...«[8] Hauptsätze funktionieren daher besser als Nebensätze. Hilfreich sind in dieser Hinsicht die *Regeln für Leichte Sprache*, die darauf abzielen, Texte barrierearm und für Menschen mit geringer Sprachkompetenz verständlich zu gestalten. Man muss sie nicht sklavisch befolgen, sie können aber für die Arbeit an der eigenen Gebetssprache hilfreich sein und decken sich mit einem Teil der hier bereits angesprochenen Themen: Passivformulierungen sind unpersönlich und schwer verständlich (und theologisch oft problematisch). Verben sind einfacher zu verarbeiten als Substantive (»Morgen wählen wir den Heim-Beirat« statt »Morgen findet die Wahl des Heim-Beirats statt.«), konkrete Sprache ist zugänglicher als abstrakte Formulierungen, der Konjunktiv (der wiederum theologisch problematisch sein kann) ist schwerer greifbar als der Indikativ. Auch Negationen sind aus der Sicht der Leichten Sprache hinderlich. Das hängt wiederum mit dem Bemühen um bilderreiche Sprache zusammen: Unser Gehirn kann Verneinungen nicht oder kaum in Bilder umsetzen – versuchen Sie einmal, sich den Satz »Den Rasen nicht betreten« bildlich vorzustellen. Das können Sie, aber es wird wahrscheinlich sehr diffus. Deswegen sollte man in Gebeten Formulierungen wie »Gott, gib, dass wir nicht ...« vermeiden – die ungewollten Bilder, die hier entstehen, lassen sich kaum mehr einholen (und überhaupt ist »gib, dass ...« schlichtweg schlechtes Deutsch).

8 Mündlich überliefert von Anne Gidion (Ratzeburg).

Die Gebetssprache entschlacken und vereinfachen

- Nehmen Sie sich ein selbst geschriebenes oder vorgefundenes, gerne etwas längeres Gebet vor. Ändern Sie, soweit irgend möglich, alle Neben- in Hauptsätze um, auf jeden Fall darf kein Satz mehr als 13 Wörter umfassen. Lesen Sie das Ergebnis laut. Wie empfinden Sie das Gebet jetzt, wenn Sie es laut lesen und dabei gleichzeitig hören?
- Ersetzen Sie (soweit vorhanden) passive Formulierungen durch aktive. Wenn Sie merken, dass dabei neue Personen oder Menschengruppen ins Spiel kommen, fügen Sie diese in das Gebet ein.

Weil gottesdienstliche Gebete Hörtexte sind, spielt auch der Sprachklang eine Rolle und sollte mitbedacht werden, im Guten wie im Schlechten. Das oben genannte Beispiel (»der du die, die du …«) ist durch die Häufung von Alliterationen, also gleichen Anfangsbuchstaben, ungewollt komisch, die wir mit Sprachspielen und Wortwitzen verbinden. – Auch der Sprachklang, das akustische Zusammenspiel von Vokalen und Konsonanten, prägt also die Stimmung und Wahrnehmung eines Gebets. Der katholische Liturgiker Alex Stock geht davon aus, dass die Lautfolge im Sanctus kein Zufall ist: »Heilig, heilig, heilig ist der Herr Zebaoth«. Die Häufung heller Vokale, die aufeinanderfolgenden Assonanzen und der behauchte Konsonant H geben dem Satz einen dichten, dabei buchstäblich luftigen Klang – selbst, wer die Sprache nicht versteht, wird ahnen, dass es hier um himmlische Heerscharen geht.

Spiel mit dem Sprachklang

- Spielen Sie mit dem Klang von Formulierungen. Schreiben Sie ein Schuldbekenntnis, das vor allem dunkle Vokale enthält (a, o, u). Oder zischende Konsonanten. Auch, wenn Sie es wahrscheinlich nicht im Gottesdienst verwenden werden, entwickeln Sie jedoch mit der Zeit ein besseres Gespür für den Härte- und Weichegrad von Sprache, für Enge und Weite.

5. Noch mal: (Gebete) Schreiben als spirituelle Praxis

Im Gottesdienst zu beten heißt, einen Raum zu öffnen und zu moderieren, »in dem der Dialog mit Gott vorstellbar wird«[9] (Ilona Nord). Deswegen sollten Gebete aus diesem Dialog heraus geschrieben werden. Die *Church of New York City*, eine eher rechts des protestantischen Mainstreams stehende Gemeinde, hat während der Corona-Pandemie eine Website mit *Liturgies for Hope*[10] geschaltet. Für die, die des Englischen mächtig sind, bieten sie eine wahre Fundgrube an unverbrauchten Gebetsformulierungen.[11] Unter jedem Gebet sind die Bibelstellen aufgelistet, die den Verfasser*innen als Inspiration gedient haben, unter der Überschrift: »Each of these liturgies was prayerfully written based on the promises of God in Scripture« – »Jede dieser Liturgien wurde betend geschrieben, ausgehend von den Verheißungen Gottes in der Schrift.« Kürzer und prägnanter lassen sich die Grundsätze für das Schreiben von liturgischen Gebeten kaum zusammenfassen. Was die biblische Basis angeht, dürften theoretisch kaum Einwände bestehen – auch, wenn die Vielfalt biblischer Sprachformen, Bilder und Gebetsthemen alles andere als ausgeschöpft scheint. Für unseren Kontext eher ungewohnt, aber vielleicht gerade deswegen besonders erhellend erscheint der andere Grundsatz: Öffentliche Gebete sollen »prayerfully written« sein, also »unter Gebet geschrieben«. Das Schreiben von Gebeten beginnt also mit einem Gebet. Um Muße und Konzentration, um einen weiten Blick und verwandelte Sprache. Es kann unterbrochen sein von der Bitte um Formulierungshilfe und langen Atem, wenn die Konzentration nachlässt. Und es kann münden in die eigene Zwiesprache mit Gott, bei der die Formulierungen am lebendigen Gegenüber ausprobiert werden. Nicht alles, was man im stillen Kämmerlein betet, kann eins zu eins im Gottesdienst wiederholt werden. Aber was schon im persönlichen Gebet nicht funktioniert, wird es in der Kirche auch nicht tun.

9 Ilona Nord, »Simple, fresh, relevant, not too doctrinal in tone or unreal in expression«. Über die Sprache des Gebets im Reformierten Gottesdienstbuch und über betendes Sprechen am Beispiel von Slam Poetry. In: Michael Meyer-Blanck (Hg.), Die Sprache der Liturgie, Leipzig 2006, 171–191 (Zit. 176).

10 https://liturgies.nyc/

11 Deutsche Übersetzungen sind derzeit in Arbeit.

Die Gebete und ihre Verfasser*in

SYLVIA BUKOWSKI

JOCHEN DENKER

HOLGER PYKA